イエスとの実存的出会い

藤山 修

教文館

まえがき

どのように生きるかは、その人の世界観が意識的、無意識的に大きく関わっている。無意識的には、暗黙の了解のもとに、そのような考え方（世界観）をしているという意味である。青年期を迎え、自分で考えて形成された世界観が、意識的ということになるであろう。しかし、意識的であるか、あるいは無意識的であるかにかかわらず、その人の世界観がその人の生き方の支えとなっている。人生上の問題が生じたとき、立ち戻るところとなるのがその人の世界観である。

現代社会は世界観なるものには客観的な根拠などはなく、一方的に押し付けられた価値観であって、うさんくさいものである、と退ける風潮にある。そのようなものに縛られることはない。現代人は、自分らしく、自分の納得のいく生き方さえできれば良い、結局は、自分が満足できる生き方こそが大切である、と考えている。そのために、自分とは何か、自分をしっかり知らなければならないとして、「自分探し」、「自己のアイデンティティの確立」なることが最大の関心ごとになっている。

それは間違ってはいないであろう。しかし、そのような現代社会の風潮は、結局、自分の欲望の満足を求める生き方になってしまうであろう。人間存在の実存的深みに目を向けることが必要である。人生の意義や価値は、自分さえ良ければよいという考え方からは生まれてこない。ニヒリズムが現代社会の基調となっている理由である。人間としての実存的深みにおいて、どのような根源的な志向性があるのか、根源的な欲求は何なのか、を知らずして解決の光を見出すことはできない。

時代を超えて、普遍的な価値観が存在する。人間としての意義ある生き方は、それと無関係ではない。筆者は、キリスト教はそのような普遍的な価値観となり得る、と受け止めている。果たして、本当にそう言い得るのか、キリスト教を弁証することを意図して書いたものである。

筆者は、茨城キリスト教学園中学校・高等学校で二五年間（講師の期間を含める）、聖書科の教員を務めた。二〇一四年三月に定年を迎え、退職した。本書はその間に、茨城キリスト教学園高等学校紀要『新泉』に書いたものである。茨城キリスト教学園は幼稚園、同じ敷地の中に中学校、高等学校、大学、大学院を備えた総合学園ということができるであろう。大学生が中学校・高等学校の敷地内を行き来している。そのような青年期にある生徒・学生たちに、キリスト教を理解してほしいという願いを持って書いたものである。

初稿のものをなるべくそのまま載せることを心がけたが、多少書き直したところがある。第一部は、それぞれは独立した内容になっているが、聖書物語における「イエスとの実存的出会い」というものをまとめた。第二部は、ある生徒との関わり、八木重吉シンポジウムで発表したもの、そして旧約聖書の「ヨブ記」について私論を書いたものである。

イエスとの実存的出会い

目次

カバー裏　茨城キリスト教学園キアラ館
設計・白井晟一、撮影・中野豊
扉　茨城キリスト教学園高等学校小礼拝堂ステンドグラス
市野沢春友作「ペンテコステの出来事」

装丁　熊谷博人

イエスとの実存的出会い

第一部

レンブラント『嵐を静めるキリスト』

1　ザアカイの場合
――自己の確立の問題

私たちは自分をどのように理解しているのであろうか。自明のことであり、疑い迷うこともないと了解しているのであろうか。近代以降、個人主義の台頭とともに個人的主観性が強調されるにおよび、自我とは何か、問われ続けている。現代は「自分探し」の時代であり、「アイデンティティの喪失」の時代であると言われて久しい。果たして私は何者なのか、これが自分であると了解できるものは何なのか、を取り上げてみたいと思う。さて、これは青年期に直面する問題である。

「自分がこれからどのような人間として成長していくのか、自分は本当に価値のある、有意義な存在であるのか、これを確かめることこそ、青年期にある高校生にとって最も重要な課題なのです。彼らの心は、自分自身の存在意義を見出す要求で満ちているのです。つまり、高校生という時期は、自分を発見し、価値づけるための『自己発見、自己確立の時期』なのです」。これは、ある受験教育業者の高校生用の心理検査の教師向け解説書の一節である。

青年期とは、子どもから大人へと肉体的精神的に大きく変容し、成長する変化の時期である。子どもでもなく、大人でもない、この二つの間を通過する移行の時期である。青年期は人生の過程における、もっとも激動の時期である。青年期の臨床的精神的な病に「アイデンティティの拡散」なるものがある。自己意識の拡散状態のことである。これが自分であると思えるものがなく、自分が分からないという不確実性に陥った状態である。症状が進むと、精神的に不安定になり、適切な人間関係が築けず、混乱状態に陥る。自分に確かなものがなく、一人でいることが不安で他者と一緒にいたいと思いながらも、他者が自分を脅かす脅威と感じ、安楽な気持ちになれない。他者を求めながらも、他者を傷つけずにはおかないという状態に陥る。他者との距離の取り方が分からず、さまざまな問題を引き起こす。青年期に自己のアイデンティティを確立することの重要性がある、ということになる。

青年期問題

現代社会のような高度消費社会（極度に発達した資本主義社会）では、企業は高度な知識や技能を持った人材を求めるようになった。その結果、現代社会は高学歴の人材を育成することを目指すようになり、経済的に自立する年齢が高くなり、「青年期」が延長されるという特徴的な事態が生み出されることになった。

近代社会は、前時代の共同性を解体させ、一人の個人がある具体的な共同体に属することの内的な意味を希薄化させた。それが、私たちのアイデンティティ不定の大きな要因として関係している。……よく知られているように、近代以前の社会には、それぞれの社会の要請に見合った何らかの「通過儀礼」が存在した。子どもと大人はこの儀式によってはっきり分かれていた。たとえば、わが国の武家社会における元服の儀式は、それを最もよく象徴している。一定の年齢になると、男子は幼名を廃し烏帽子名をつけ、服を改めて、髪を結いなおしたりさかやきを剃ったりした（小浜逸郎『大人への条件』ちくま新書、一九九七年、八―九頁）。

しかし、そのような「通過儀礼」がなくなったことにより、自分がどこで大人になったのかという自覚をあいまいなものにしてしまった。さらに、

資本主義的生産が飛躍的に発展を遂げるに従い……「家族」が、一般社会から明瞭な輪郭をもって成立するようにな〔り〕……子どもは社会から隔離された家族のなかで、……保護としつけと教育の対象として「大切」に育てられることになる。親子の同居期間は長くなり、身体的に成長した子どもも、社会には未成熟な存在として、いつまでも家族のもとに留め置かれることになった（前掲書、一〇―一一頁）。

同じことを、成長していく個人の側から言いかえると、私たちの時代は、自分が大人になったという自覚を、ある外面的な形式によってあたえられるのではなく、それぞれが自分の体験的・内在的な契機から見つけ出していかなくてはならない時代であるということになる。

いつの時代においても人間が人間である限り、「自分とは何か」や「生きる意味は何か」を問い、その答えを求める。青年期は自我の目覚めと共に、まさしく自覚的に求めることを始める。現代社会の青年は「自分とは何か」や「生きる意味は何か」ということの答えを自分で形成しなければならなくなった。近代社会以前には、社会的、外面的な大人としての位置づけが与えられる社会的なシステムがあり、深刻に考えなくても、自己のアイデンティティを形成することができたものであった。しかし、近代社会以降、大人としての位置づけが与えられる社会的なシステムがなくなってしまった結果、自分自身で自己のアイデンティティを形成しなければならなくなった。自己のアイデンティティを形成するために、自己の内面にまで踏み込み、考えざるを得なくなった。自分らしく生き、悔いのない人生を送るために「自己の確立」が必要である。それでは、「自己の確立」とは何を意味するのか。

「本当の自分」問題

尾崎豊（一九九二年に夭折したロック歌手）の『卒業』という曲の後半のクライマックスのところの歌詞に、

卒業していったい何解るというのか

想い出のほかに何が残るというのか
俺達の怒りどこへ向けるべきなのか
これからは何が俺を縛りつけるだろう
あと何度自分自身卒業すれば
本当の自分にたどりつけるだろう（傍点は筆者による）

とある。

「本当の自分」がある、それを確かに知らなければ、自分の人生を生きることができない、と考えている。しかし、いまだ「本当の自分」にたどり着いていないので、本当の自分の人生になっていないという思いが叫ぶように歌われている。尾崎の歌は、そのパフォーマンスが効果を相乗し、青年期の少年たちに深い共感を呼び起こす。

　尾崎の歌には、青年期にある者の心情が確かに歌われている。自我に目覚めながらも、未熟で不安定な自分がいて、すべてが不確かに思え、生きている実感を持つことができない。いらだつ思いに折り合いをつけるために、大人に反抗し、無茶なことを行う。しかし、どんなにあがいても、心は満たされない。それは、結局は、自分のことが分かっていないからである。「本当の自分」をはっきり知りたい、知ることができれば足を地につけた確かな生き方ができる。「本当の自分」をつかみたいと叫ぶように歌う。

　さて、「本当の自分」ということで、何を言おうとしているのか。私たちが「本当の自分」という問いを発するのは、どのような場合であるだろうか。自分を抑えて、周りに調子を合わせて生きているときに、自分ではない仮面を被っているように思え、自分に対して嫌悪感を覚え、「本当の自分」はこんなものではない、と考える。今の自分は「本当の自分」ではない。「本当の自分」から乖離しているという感覚に襲われ、自分らしく生きていない、「本当の自分」に生きたいと悩む。そのように悩むことは、「本当の自分」が存在することを前提にしているからである。果たして、「本当の自分」とは存在するのか、それは「自分なるもの」とは何かと問うことになる。

仏教の教えでは、自分なるものはないということになるのであろう。仏教的には、「自分」は「我」ということになり、それは迷いである。「我」が存在すると考えるのは迷いであり、煩悩のなせる業である。初期の仏教の救い、あるいは悟りのモチーフは、現世の煩悩から解放されて自由な境地になることで、涅槃に入ることである。むさぼり、怒りや憎しみ、また生きることに執着し、死を恐れるのは、「我」にとらえられているからである。そういうあらゆる執着から離れるためには、そのような欲望を生み出している「我」が見せかけのものであることを悟ることである。すなわち、私たちは「自分」にこだわっているが、「自分」とは見せかけであり、存在しないのである。空虚な「自分」というものに執着し、とらえられてはならない、と教える。

確かに、私たちも自分などないと考えることがある。私たちは自分で考え、意志し、行動していると思っているけれども、本当にそうなのか。私たちは社会の中で、さまざまな役割や立場に身を置いている。そして、その役割や立場にふさわしく考え、意志し、行動している。社会の規範や常識、あるいは役割や立場で他人から期待されることをして、生きている。そのような社会での役割、立場を一つ一つ玉ねぎをむくように剝いでいくと、あとには何もなくなってしまい、自分自身であるといえる確かなものがなにもない、と考えてしまうことが確かにある。

しかし、それでも、私たちは一方的に社会に調子を合わせているのではなく、自分を社会に折り合いをつけるべく努力をし、自分がそれなりに認められることを意図しているであり、自分が社会と関わって生きている、と認識している。周りの人たちからの評価に苦しんで、自分が認められていない、納得できないという思いのときに、虚しくて自分などないと考えるのである。

自分は幻想にすぎない、「自分なるもの」は存在しないと悟るのも自分である。自分などないと考えている自分がいる。どこまでも繰り返し自分が登場するのであり、論理的には無限に繰り返すことになる。自分など幻想にすぎないと片付けるわけにはいかない。自分は存在する、しかも「本当の自分」なるものを求めている自分が存在する。自己の存在を認めることを前提に考察を進めなければならない。自分とは何か、さらに、「自己の確立」とは何を意味しているのか、を考察したい。

青年期にありうる問題（逸脱）

わたしたちは、いわば、二回この世に生まれる。一回目は存在するために、二回目は生きるために。はじめは人間に生まれ、つぎには男性か女性に生まれる。……わたしのいう第二の誕生である。ここで人間はほんとうに人生に生まれてきて、人間的ななにものも、かれにとって無縁のものではなくなる。これまでのわたしたちの心づかいは子どもの遊びごとにすぎなかった。ここではじめて、それはほんとうに重要な意味をもつことになる。ふつうの教育が終わりとなるこの時期こそ、まさにわたしたちの教育をはじめなければならない時期だ（ルソー『エミール（中）』今野一雄訳、岩波文庫、一九六三年、五、七頁）。

青年期における自我意識の形成・発展は人間の生涯の中でももっとも著しい現象である。青年期は激動の時代である。自我に目覚め、自分を意識し、主体的に考え始め、行動するようになる。幼児期や児童期に身につけた行動様式や生活習慣は無意識的、他律的に習得させられたものであって、自覚的に形成されたものとは言えない。自我に目覚めた青年期には、それらに疑いを持ち、自分で考え、納得することを受け入れ、自覚的に再構成することを始める。また、身体的にも第二次性徴が現れ、男女の性別の特徴が顕著となり、男として女として自覚せざるを得ない自分の姿に直面させられ、まさしく肉体的・精神的に揺れ動く、激動の時代である。

さて、青年期は人間の成長過程において精神的肉体的に飛躍的な成長を遂げる、激動の時期である。その変化を本人がもてあますことによって、混乱してしまい、受容できずにもてあまし、懐疑的となり、否定的に対応することになると、さまざまな問題行動を起こすことになる。

フランスの心理学の研究によると、自意識は生後八か月ないし一〇か月頃から生まれるそうである。鏡に映る自分を自分と気づくのがこの頃であり、笑いかけたり、じっと見つめていたりしながら、自分の仕草を楽しんだりする。しかし、自分の顔や服装を気にし出すのは思春期になってからで、自分と他人を区別、比較しながら、他人に自分がどのように映っているのかを気にするようになる。この頃には、自分のなかに「もう一人の自分」が生まれ、いつも自分を観察している。心理学では、この「もう一人の自分」を「観察自我」と呼ぶ。

そして、理想とする自分である「理想我」と「観察自我」が観察している現実の自分との間のズレの認識が精神的に問題を起こす。理想とする自分と現実の自分のズレを容認できず、自己理解に混乱を引き起こすことになる。このような混乱による不適応の状態を、伝統的な心理学は「病的」とか、「落伍した異常な状態」としていたが、エリクソンは「アイデンティティの拡散状態」と呼び、人間発達段階における「逸脱」の現象であるとした。自意識は他者と関わりつつ自己の同一性を達成しながら、自己の確かさを保持しようとする。すなわち、自己のアイデンティティを獲得しようとする。青年期は自己のアイデンティティを獲得しようと格闘する時期である。逸脱はその格闘の歪んだ現れなのであり、誰にでも起こり得ることである（参考　E・H・エリクソン『自我同一性』小此木啓吾訳、誠信書房、一九七三年）。

小浜逸郎は、青年期の「一般的逸脱」を四つに類型化している（小浜逸郎、前掲書、一八七―二〇三頁）。思春期・青年期の一般的逸脱を、大人社会に対する反抗、否定、懐疑、超越の衝動としてとらえている。以下に紹介する。

①無軌道、自堕落、悪への誘惑

生活の規律や規則に従おうとせず、あえてそれを踏みはずして見せようとする傾向である。大人になりつつあるという逆らえない過程を、自分なりの迂遠なしかたで消化しようとしているとも考えられる。無軌道・自堕落への傾斜は、既成の「大人」像への拒否のポーズであり、逆説的に自分に固有の「大人」性を発見し、それを身につけようとする衝動の表現でもある。この時期の青少年が悪に魅入られるのは、悪（違反、侵犯）を行う者の個人性を際立たせる行為だからである。悪行は、それを行う人間の個性を際立たせ、自分の属する共同体から浮き上がらせる。悪をおかすことは、自分がこの世界の中で特別な存在であることを確認する最も手っ取り早い手段である、ということである。

思春期・青年期における自堕落や無軌道や悪への傾倒は、個としての自分を既成の共同体から引き離すことで自立しようとする衝動の屈折した表現なのである。

②死へのあこがれ

人間が「個体としての心の世界」という、ある意味でよけいなものを抱え込んだことのひとつの証左である。言いかえると、いったん身体から自立した心は、ときには自分の身体的生命の維持とは矛盾するような境地にまで、自己発展しうる志向性をもってしまう、ということである。それが人間存在の本質的な特性である。人間の心は、「自分がそうでないところのもの」に配慮をめぐらせ、現実による何らかの歯止めや連れ戻しの契機がないかぎり、その志向性を深めてしまうという本性をもっている。思春期・青年期は、この本性がことさら励起されやすい時期にあたっている。この時期は、生命力が旺盛で、肉体的条件に不安を自覚しなくてもすむので、心は平気で自己否定的な志向性のうちにあそばせることができる。また、今まで育った家庭や人間関係を否定し、離れること（自立）の極端な方途として死にあこがれる。

③関係意識の過剰化

たとえば、他の仲間たちが楽しそうに群れている様子を眺めていたとしよう。そのとき、主観的自我（自己中心性）の超越性が際立つ。自分はどうしてあそこに適応できないのだろうと劣性の自意識を強化させてしまうかもしれず、逆に、自分は馬鹿なあいつらとはちがうのだという優性の自意識を強化させてしまうかもしれない。自我の確立過程それ自体が、周囲の人間たちの評価を内在化させていくことで成り立っている。しかし、自分は自分以外のものにはなりえず、自分に対する他者の評価や判断は他者の視点からなされたものであるという絶対的な理由により、原理的な限界を脱することができない。「自己 - 他者」のへだたりの構造は、思春期・青年期に最も顕著なかたちで現れる。互いに妥協しにくい主観性のぶつかりあい、葛藤、過剰な摩擦、癒着と離反の激しい振幅といったことを経験する時期である。

④純粋性への固執

とりわけて、哲学的、内省的、倫理的なタイプの青少年にありがちな態度である。周囲の現実を超越して、極度に理想的な社会変革課題や倫理的・自己抑制的な宗教に自分を託していく傾向である。青年期は、とかく観念や意志がはっきりしたかたちをとることを求めがちである。あいまい性、中途半端さ、どっちつかず、妥協すること、ものごとの両義性などを忌避し、それらのあり方にいら立ち、反対に、認識や行動が単純明快な輪郭をもつこと、一番はずれまで行くこと、徹底的に追及すること、激しく情熱を蕩尽することを求める。いつの時代にも、あいまいで複雑で、多面的であり、ときには建前と本音がまったく一致していないといったいいかげんな様相を示すのが現実の世の中である。それに調子を合わせられない態度を示す。全共闘やオウムに走ってしまうことが起こりうる態度である。

さらに小浜は、青年期の一般的逸脱が個人または家庭の病理として現れてしまう場合として、家庭内暴力と拒食症をあげている（前掲書、二〇八―二二四頁）。男子の病理的逸脱が「家庭内暴力」によって代表され、女子の病理的逸脱は「拒食症」によって代表されると言う。

青年期の時期には、どのような人も多少なりとも「逸脱」しながら、自己形成の時期を過ごしていると言うべきである。「一般的な逸脱」は、誰にでも起こりうる、不可避なことである。むしろ、青年期の人生経験を幅のある豊かなものにしている。「逸脱」しながら、成人になるべき「発達課題」を達成し、自分自身と折り合いをつけながら、社会との関係を築き、状況に応じてどのように振舞うべきか、基本的な生活習慣を身につけていくのである。その結果として、青年期の終わる頃には、感情の起伏が小さくなり、社会生活を営む上で、問題行動を起こさないように、行動できるようになる。それは、自己が安定したのであり、自己のアイデンティティの確立がなったからであるとされる。

しかし、これは、青年期における急速な身体的・精神的な発達に折り合いをつけただけのことであり、「自己の確立」ということの本質的な問題はなおざりにされており、何の解決にもなっていない。青年期問題の実用的な現象面の身の処し方を身につけることによって、自分自身に対して、社会に対して折り合いをつけることができるようになったということに過ぎない。「自己の確立」の本質的な問題から目をそらしている、と言うべきである。

自己問題

あらためて、「自己の確立」という問題を取り扱いたいと思う。「自己の確立」ということで、何を意味しているのか。自己問題を直視し、考察する。

自己の確立が自己の完成を意味しているならば、それは不可能なことであると言わざるを得ない。青年期に始まった自覚的な自己形成は青年期に完成するのではない。死ぬまで自己形成を続けるのである。自己形成が完成することはないであろうし、死ぬことによって中断させられると言うべきであろう。

感じ、考え、行動する主体としての自己が存在していることは誰でも認めることができる。しかし、これがそうであると確定し、示すことができない。それでは、「自己」とは何を意味しているのか。近代哲学から現代哲学においての自己理解の素描をこころみたい。

デカルトの場合

「方法的懐疑」といわれる思考実験によって、あらゆるものを疑った後に、自分が疑い考えていることは疑いようがないとした。自分が現実と思っているものが夢かもしれない、ひょっとしたら悪魔がそそのかしているのかも知れないと疑ったとしても、そう考えている自分は疑いようもなく存在している。「思惟する主体」としての「我」が存在する。デカルトは「我」の位置を目の前に広がる世界と対峙する別の次元に定めた。第一原理として「我」（考える精神）を置き、第二原理として「もの」（精神でないもの）を置いて世界をとらえるという近代的二元論の世界観を展開した。「思惟する主体」である主観としての自己の存在を前提としている。

カントの場合

『純粋理性批判』の主題は、世界から切り離された「超越的（先験的）主観」が、どのような能力（理性）に基づいて外の世界を認識できるのか、またその限界ということである。『実践理性批判』では、道徳律に自由意志によって従う「主観」の特性が、人間を人間たらしめているという人間理解を示した。人間は本来的に自由であり、自然法則の支配している世界から独立しており、自然法則にしばられない。人間を動かす原理は人間の内にある、内なる道徳律（良心の声）である。人間は自由である、良心の声に従い、行動する存在である。そこに人間の尊厳性がある。道徳的行動の主体としての自己の存在を考えていると言えるであろう。

ヘーゲルの場合

『精神現象学』において、理想と現実の対立、自分と共同体の齟齬や対立をどのように止揚することができるかを論じた。自分の考える理想や正義はその時代の精神が反映しているのであって、単なる自分だけの妄想ではない。時代精神の反映した普遍性があるので、個人と共同体は弁証法的な関係において止揚し、新たな関係を形成することができる。共同体から離れた個人が、「理性」によって「労働」と「教養」を通じて、自己否定しながら、ふたたび共同体と新しい関係をより豊かに形成していく道すじを論じている。すなわち、「自己意識」は他との関係によって成り立っており、共同体から遊離した自己なるものは観念的な自己にすぎない。共同体との弁証法的に関わりながら、新たな時代精神を形成していく、自己否定のできる自立的な「自己意識」を考えている。

キルケゴールの場合

「人間は精神である。しかし、精神とは何であるか？　精神とは自己である。しかし、自己とは何であるか？　自己とは、ひとつの関係、その関係それ自身に関係する関係である。あるいは、その関係において、その関係がそれ自身に関係するということ、そのことである。自己とは関係そのものではなくして、関係がそれ自身に関係するということなのである」（キルケゴール『死にいたる病』桝田啓三郎訳、中央公論社、一九六六年、四三五頁）。

関係それ自身に関係する関係が自己である、と言う。たしかに自己とは他者との承認関係に現れると言える。他者との承認関係に自己を確かめることができる。しかし、その関係自体が自己なのではなく、その関係に関係すること、すなわち関係について悩んだり、喜んだり、考えるのが自己である。さらに、人間は具体的な状況に具体的な身体をもって生きている有限な存在でありながら、具体性を超えた永遠を求める。神との関係において、神の前に一人で立つという実存的単独者としての自己が本来的自己である、とする。

フッサールの場合

フッサールは、世界を自明に存在するという「自然的態度」に懐疑を加え、「不確かなもの」を「判断中止（エポケー）」し、「事柄そのもの」へという態度をとった。「事柄そのもの」とは、自分の意識にあらわれたこと、たとえば「赤いりんごを見た」という直観である。その際、私たちの外に赤いリンゴが存在しているということをカッコに入れる（エポケー）ことをする。対象それ自体などというものが、私たちの意識に直接与えられるのではない。ただ疑いのないことは、私たちの意識のなかで、赤いりんごという直観が経験されたことである。しかも、この直観はあれこれと考えて、赤いりんごと推察したものではない。赤いりんごを見た瞬間、赤いりんごと直観したのである。この直観のことを、フッサールは「本質直観」と言った。フッサールは、直観がおとずれるということに、意識外に直観と相関するものが存在することは認める。しかし、意識のなかにおさまりきれない世界が存在するとしても、意識のなかの確実なものから説明されなければならない。必然的真理がいかにして可能かを現象学的に究明されなければならない、という態度をとった。「直観」を成り立たせている「超越論的主観」としての自我の存在を認めている。

ハイデッカーの場合

『存在と時間』において、自己は常にすでに世界のうちに存在することを既成事実として見出すほかないあり様と規定する。世界は客観的な存在として現れるのではなく、私との「意味関連」において現れてくるのである。近代哲学にとって、自然はあくまで対象であり、客観的存在であった。しかし、我々と世界は抽象的に出会うのではなく、服は着るために、コップは飲み物を入れて飲むため、ハンマーは物を打つためにある。つまり「〜のために」という「意味関連」として立ち現れてくる。私は世界と対峙しているのではなく、「世界‐内‐存在」として現存在している。そして、他者に対する「親しみの気分」が満たされぬとき、他者との関係において「道具関連」の欠如を感じたとき、「私」という存在に気づきが起こる。「世界‐内‐存在」としての自己は、自己を公共的世界（世間）に埋没した「ひと」に「頽落」する可能性をもっている。しかし、「世界‐内‐存在」として現存在している自己の死を先がけて覚悟する「不安」によって、本来的固有な自己に目覚めることができると言う。さまざまな気分や了解そして関心をもって、「世界‐内‐存在」として現存在している自己を考えている。

当然のことであるが、西洋哲学の基調は自己の存在を認め、自己の存在を疑うことはしていない。認識の解明から論じ、「本来的な自己存在」の解明をめざし、人間本来の生き方はどうあるべきかを探っている、と言えるであろう。ニーチェが「神は死んだ」とし、いっさいの意味や価値を否定し、無意味な世界に自ら意味を創造していく「能動的（積極的）」ニヒリズムを提唱するのも、サルトルが人間存在を「対自」ととらえ、その実存は本質に先立ち、何かをしなければならないと義務づけられてなどいず、人間は自由であることを運命づけられているとするのも、人間本来の生き方をそれぞれ独自の哲学から主張するためである。

「私自身（自我）」は、私が経験する「出来事」の中心としてである。それは実在なのか、非在なのか、そのことはエポケー（判断中止）して、世界と関わり、経験していることがらの意識に現れたものによって、それぞれの哲学的理解による世界を措定している。私とはその措定した世界に関わって生きている主体であるということが、共通理解としてある。とにかく、自分とは何であると確定することができなくても、世界と関わって生きている意識主体であるという基本的共通認識が存在している。

結局、自分という謎、世界という謎を言い当てることではなくとも、自分がどう生きるかが最も重要な問題であるということになるであろう。「自己の確立」とは、自分の納得のいく、自己実現を可能にした生き方とは、どのように可能なのかという問いに含蓄される。

自己と自意識の関係

「自我に目覚める」とは、自分が存在しているという自意識に目覚めることである。自意識に目覚めると、自分に向かってさまざまな問いを投げかける。自分とは何者か、自分はどうしてこれこれの名前を持ち、このような顔つき、体つきで、こういう性格なのであるか、と考える。他の人と違い、自分は自分であって、どうしてこのようであり、あのようではないのか、と劣等感に悩む。そこには、心理学的には自意識の「転倒」が起こっている、と言う。自分のこれまでの具体的な成長過程や状況を取捨してしまって、自分を考えている現象である。自己という抽象的な自意識が生まれると、これまで自分が成長してきた具体的な過程や状況を偶然の相のもとに見てしまい、それらを切り離して、突然、今の自己が存在したかのように考える自意識の態度である。自分を取り巻くすべての状況を偶然の相のもとに考える。「なぜ私は私であって、他の人ではないのか」「なぜ日本人であって、アメリカ人ではないのか、アメリカ人であれば良かったのに」等の問いも、「転倒」による問いである。

しかし、これは人間存在のあり様が環境を宿命や必然であると束縛されない、精神性を示している。人間の心は時代や環境に完全に支配されているのではなく、超越性な様相を持っているのである。パスカルが「考える葦」と表現した、人間の尊厳性のあり様を示す。

人間は自然のうちで最も弱いひとくきの葦にすぎない。しかしそれは考える葦である。これをおしつぶすのに、宇宙全体は何も武装する必要はない。風のひと吹き、水のひとしずくも、これを殺すに十分である。しかし、宇宙がこれをおしつぶすときにも、人間は、人間を殺すものよりもいっそう高貴であるであろう。なぜなら、人間は、自分が死ぬことを知っており、宇宙が人間の上に優越することを知っているからである。宇宙はそれについては何も知らない。

それゆえ、われわれのあらゆる尊厳は思考のうちに存する。われわれが立ち上らなければならないのはそこからであって、われわれの満たすことのできない空間や時間からではない。それゆえ、われわれはよく考えるようにつとめよう。そこに道徳の根原がある（パスカル『パンセ（瞑想録）』〔世界の大思想8〕松浪信三郎訳、河出書房新社、一九六五年、断章三四七、一四七頁）。

考える葦。――私が私の尊厳を求めるべきは、空間に関してでなく、私の思考の規定に関してである。いかに多くの土地を領有したとしても、私は私以上に大きくはなれないであろう。空間によって、宇宙は私を包み、私を呑む。思考によって、一つの点として私は宇宙を包む（前掲書、断章三四八、一四七頁）。

青年期になって自己に目覚めた自意識は「自分の中身が空っぽであることに気づく」、そして焦るような思いで自己の何たるかを考え、「自己形成」を始めるとするのであれば、青年期以前には自己は存在していなかったということになるのであろうか。決して、そうではない。そうであるなら、自意識と自己の関係を、どう考えたらよいのか。自意識は脳の発達とともに形成されるのであるから、脳が活動を停止すれば自意識も消滅する、その時点で自己は存在しなくなってしまう、と考えるべきなのであろうか。

心理学者の滝浦静雄は、自己をどう考察するかに関して、極端な心身二元論も、絶対的な一元論ともに誤りであり、自己は「受肉せる主観」であるという二元的構造において考えなければならないし、そう考えるのが正当であると主張する。

自分の身体を振り返ることができるということは、私の主観に或る種の拡がりがあり、それが内と外、中心と周辺等々の二元構造になっているということにほかならないのである。それは、いわば、身体の一部が他の部分を振り返るということだからである。その際、振り返られる部分が、振り返られている限りでは三人称的存在であるにもかかわらず、身体が正常に機能している場合には、振り返る部分（仮に「中枢」と呼んでおこう）に組み込まれ、〈私は指が痛い〉などと一人称の言葉で表現されるようになり、いわば「自我」の一部分になるということが、まさに心身関係のパラドクスなのである（滝浦静雄『「自分」と「他人」をどうみるか』ＮＨＫブックス、一九九〇年、八八―八九頁）。

自己は単に脳の活動によってもたらされる意識活動につくり出されるものとは言い得ないのである。「受肉せる主観」としての自己という捉え方が妥当であると言う。「受肉せる主観」としての自己は、脳内現象に見出せるものを超えた側面を持っている。自己を脳内現象であるとする一元論の、また心身のいずれかの一方に還元して説明しようとすることの、不当性と不可能性を言っている。

さて、新たな問いが生まれることになる。脳内活動を超えている自己なる存在は、脳の活動が停止すれば存在をやめることになるのか、死ねば自己も無くなってしまうのか。自己とは単なる観念であって、存在ではないのか。

立花隆は、臨死体験を扱った本の最終章で、臨死体験の解釈について自らの考えを語っている。臨死体験という現象の解釈に二つの立場がある。脳内現象説と現実体験説である。酸素が欠乏した状態での脳の活発な活動によって見ている「夢」に過ぎないという説と、死後の世界での体験であるという説である。

先に両説を比較して、どちらの説がより合理的かを論じたところで、脳内現象説の肩を持つ形で終っていたが、実はここに述べたように、脳内現象説には、現実の脳研究から、脳と自己意識の問題がさっぱり解明されないという大きなウィーク・ポイントがあるのである。だから、脳内現象説といいながら、実際にやっていることは、現実体験説を反駁することがもっぱらで、自ら臨死体験を起こす脳のメカニズムをきちんと解明して提示しているわけでないのである。前章で述べたようなモデル提示の試みが若干行われている程度である。
そういうわけで、私も基本的には脳内現象が正しいだろうと思ってはいるものの、もしかしたら現実体験説が正しいのかもしれないと、そちらの説にも心を閉ざさずにいる（立花隆『臨死体験（下）』文藝春秋社、二〇〇三年、四二四—四二五頁）。

そして、以下のようにまとめている。

生きてる間に、死について、いくら思い悩んでもどうにもならないのに、いつまでもあれこれ思い悩みつづけるのは愚かなことである。生きてる間は生きてることについて思い悩むべきである（前掲書、四二七頁）。

また、近代人として、徹底して人間の真実の生き方を求めた夏目漱石の自己と自意識の関係の理解は興味深い。阿満利麿は、漱石は自意識を凝視することに集中し、神仏という超越者をたてないという意味において、もっとも近代的な求道者であった、と言う。自意識を凝視した漱石が、死は「意識の滅亡」にすぎず、「死んでも自分はある」という理解に至った、と言う（阿満利麿『宗教の深層――聖なるものへの衝動』ちくま学芸文庫、一九九五年、二一三―二一四頁）。

私は意識が生のすべてであると考へるが同じ意識が私の全部とは思わない〔。〕死んでも自分はある、しかも本来の自分には死んで始めて還れるのだと考へてゐる（大正三年十一月一四日付、林原耕三宛書簡、岩波版全集一五巻、四一四―四一五頁）。

意識が総てではない、意識が滅亡しても、俺といふものは存在する。俺の魂は永久の生命を持つてゐる。だから、死は只意識の滅亡で、魂がいよいよ絶対境に入る目出度い状態である（岩波版全集「月報」、一一四頁）。

夏目漱石は、近代に生を受けた者として、自意識の純粋意識を凝視せざるを得ず、凝視した果てに、自らの意識を超える世界を見出すところにまで至った。死ぬことは、「意識の滅亡」にすぎず、「死んでも自分はある」、死は「本来の自分」に還ることであるのだから、死はめでたい、と言う。これは、キリスト教死生観に通じると言えよう。

塵は元の大地に帰り、霊は与え主である神に帰る（コヘ一二・七）。

キリスト教は、人は死んで、肉体は土に帰るが、魂（霊）は神の元に帰る存在であると考える。人は死んでも無くならない。自己はどこまでも存在する。

宗教的自我

阿満利麿は、現代人が求道するとき、漱石がしたように、「純粋意識」を凝視することしかない、と言う。そして、清沢満之の求道の姿を紹介した後に、以下のようにまとめている。

このように、十九世紀後半から二十世紀にかけて、奇しくも、洋の東西を問わず、意識が最大のテーマとなってきた。それは、神なき時代に生きる人間にとって、その救済の最後の砦が意識であることを示している。

……

近代と現代の区別はむつかしいが、近代とは、いまだ世界観の可能性が想定されていた時代であり、科学的思惟といえども、その可能性を破壊するものではなかった。これに対して現代では、世界観そのものを想定することができないのである。あるのは巨大な断片であり、断片の感覚ばかりである。そのなかで、近代の人間学の成果である意識の発見が、その断片感覚をつなぎ合わせる力になるのかどうか。我々はもはや、近代の求道を離れて、我々自身をあらためて問わねばならないのである。現代の求道がはじまる（阿満利麿、前掲書、二六六頁）。

世界観を想定できなくなった現代人にとって、自意識を凝視し、自意識の志向性、すなわち何を求めているか、その求めに応えるものを求道することしかない、それが現代人の立つべきスタンスである、と言わざるを得なくなった。そして、自意識の志向性、すなわち人間は根源的に何を欲求しているか、何への意志が最も根源的であるのか、を明確にしなければならない。

V・E・フランクルは、「人生の問いに対するコペルニクス的転換」ということで、意味の求め方への重大な提言をしているが、人間の根源的な欲求は「意味を求める」ことであると言っている（V・E・フランクル『夜と霧』霜山徳爾訳、みすず書房、一九七六年、一八三―一八四頁）。

意味を問う行為は、自分を超えた存在を認めることをせずしては可能ではない。自己中心的な欲求の満足を求める行為とは、次元を異にする行為である。動物的生理的欲求とは異なる、人間が人格的精神的存在であるがゆえの実存的欲求の行為である。これは、神の存在に目を向けた問いと言うことができるであろう。

人間が意味を求める動物である限り、世界と人間のあり方の究極的な意味を求める衝動はやむことがない。そして、それは必ず現世を超えた世界にまで達するのである。かつては、このような衝動に応えていた神仏もある。だが、それらは古くなり、死んでしまったというしかない。そして、神への衝動のみはやむことがないのである（阿満利麿、前掲書、二七五―二七六頁）。

人間には人間を超えた存在に対する「聖なるものへの衝動」がある、と言わなければならない。人間を超えた存在を求める思いである。聖書は、それを「永遠を求める思い」と表現している。

神のなさることは、すべて時にかなって美しい。
神はまた、人の心に永遠への思いを与えられた（伝道者の書三・一一、新改訳）。

人間の人間を超えた存在に対する「聖なるものへの衝動」の主体を「宗教的自我」と言いたいと思う。自意識の構図のなかに、人生の意味を求め、自己を超えた存在を求める宗教的自我がある。宗教的自我に「聖なるものへの衝動」があるのである。

涸れた谷に鹿が水を求めるように
神よ、わたしの魂はあなたを求める。
神に、命の神に、わたしの魂は渇く（詩四二・二—三）。

自己に宗教的自我が存在する限り、宗教的自我が神に相対することを抜きにしては、「自己の確立」はあり得ない。青年心理学的な「自己の確立」は、青年期における課題を達成することによって、自分自身との折り合いをつけ、対社会との関係において基本的生活習慣を身に付けることによって得られると、説く。しかし、それは、パスカルの言う「気晴らし」、キルケゴールの言う「自己疎外」、ハイデッカーの言う「頽落」ということで、批判された事態を奨励していると言わざるを得ない。本質的な問題を回避している態度である。

キリスト教は神と対峙することによって、真の「自己の確立」が成ると教える。

わたしは絶えず主に相対しています。
主は右にいまし
わたしは揺らぐことがありません（詩一六・八）。

青年期は、まさしく「永遠を求める思い」に目覚め、「逸脱」をしながら、永遠を求める思いが満たされるべく、永遠を求める思いを満たすものを自覚的に求める時期である。

ザアカイの場合

聖書の記述は以下である。

イエスはエリコに入り、町を通っておられた。そこにザアカイという人がいた。この人は徴税人の頭で、金持ちであった。イエスがどんな人か見ようとしたが、背が低かったので、群衆に遮られて見ることができなかった。それで、イエスを見るために、走って先回りし、いちじく桑の木に登った。そこを通り過ぎようとしておられたからである。イエスはその場所に来ると、上を見上げて言われた。「ザアカイ、急いで降りて来なさい。今日は、ぜひあなたの家に泊まりたい」。ザアカイは急いで降りて来て、喜んでイエスを迎えた。これを見た人たちは皆つぶやいた。「あの人は罪深い男のところに行って宿をとった」。しかし、ザアカイは立ち上がって、主に言った。「主よ、わたしは財産の半分を貧しい人々に施します。また、だれかから何かだまし取っていたら、それを四倍にして返します」。イエスは言われた。「今日、救いがこの家を訪れた。この人もアブラハムの子なのだから。人の子は、失われたものを捜して救うために来たのである」（ルカ一九・一―一〇）。

ザアカイは徴税人の頭であった。徴税人は、ローマ帝国の手先となり、同胞のユダヤ人から税金を集める仕事をしていた。ローマ帝国は、徴税の仕事を希望者に、その年の税額を徴収する権利を入札させるという方法で請け負わせていた。多額の金を入札して手に入れた徴税人たちは、ローマ帝国に納める以上の税金を集め、それを自らの収入としていた。徴税人たちは敵国であるローマ帝国の権力を笠に着て、私腹を肥やしていた。そのために、徴税人たちは同胞のユダヤ人からは、売国奴、裏切り者、強盗、罪人と呼ばれ、蔑まれていた。法廷で証人に立つ資格のない者とされていた。それは、ユダヤ人社会から締め出されていたことを意味する。

さて、エリコは豊かな町で、重要な交通の要所であった。死海の北側に位置し、当時、サマリヤ地方を避け、エルサレムに行く際には通らなければならない町であった。棕櫚の森があり、バルサムの林もあった。ヨセフスはエリコを「パレスチナで最も肥沃な地」と言っている（W・バークレー『ルカ福音書』柳生望訳、ヨルダン社、一九八六年、二六〇頁）。ザアカイはエリコの町の徴税人の長におさまり、金持ちであった。

ザアカイは裕福であったが、孤独であった。背が低いことが劣等感になっていた、また人々から蔑まれていたとは、多くの注解者の解説するところである。ザアカイが徴税人になった理由をそこに求めることができる。ザアカイは自分を馬鹿にする者たちに、自分を認めさせるために、あえて人々の嫌われている徴税人となり、権力と富を手に入れ、人々を見返してやろうとしたのである。まさしく「逸脱」の行為である。

イエスがエリコの町に来たという知らせを聞いたザアカイは、イエスをひと目見たいと思った。群衆の中に入ろうとする行為は、ザアカイにとって勇気のいる行為であった。すでに大勢の人々が詰めかけ、人垣ができていた。背の低いザアカイには人垣の先を見ることができない。人々の間に入り込み、前に進もうとしたが、人々にとってこの小さな取税人を小突いたり蹴ったりする絶好の機会となった。ザアカイは打ち傷で青いあざを体中にこしらえても、イエスを見ることができなかった。人々は、ザアカイがイエスを絶対に見られないようにしたのであった（W・バークレー、前掲書、二六一頁参照）。

そこで、ザアカイは先回りをして、いちじく桑の木に登った、とある。それほどまでして、イエスをひと目見たいという、ザアカイの強い思いがあった。この木は小さいいちじくの実をたくさん結ぶ木で、むしろ「桑いちじく」と呼ぶべきであって、桑ではなく、いちじくの一種である。商売にならなない粗末な実をつけるが、貧しい人たちは飢えをしのぐために食べていた。直径一メートル、高さ三〇メートルの巨木にもなる木である。そのような木にザアカイは登った。

イエスはその場所に来ると、ザアカイを見上げて言った。「今日は、ぜひあなたの家に泊まりたい」。直訳すると、「今日は、あなたの家に泊まらなければならない」である。イエスがエリコに来た目的はザアカイに会うためであるということを示している。「ザアカイ、わたしはあなたに会うために来た」ということを言っている。イエスとザアカイは初対面である。しかし、イエスはザアカイを知っていた。イエスがすべてを知っておられ、ザアカイの求めに応じようとされていると受け止めたザアカイは、喜んでイエスを迎え入れ、心からもてなした。

キリストを迎え入れ、キリストと共に食事をすることは、特別な意味を持っている。

見よ、わたしは戸口に立って、たたいている。
だれかわたしの声を聞いて戸を開ける者があれば、
わたしは中に入ってその者と共に食事をし、
彼もまた、わたしと共に食事をするであろう（黙三・二〇）。

自分から心の戸を開き、キリストを迎え入れるということは、キリストを救い主として受け入れることである。キリストと共に食事をするということは、キリストの恵みに与るということであり、救いの享受を意味している。

人々の蔑みや陰口にもかかわらず、ザアカイは真実に悔い改めたことを態度で示す。ザアカイは立ち上がって主（イエス）に言った。「主よ、わたしは財産の半分を貧しい人々に施し、だまし取ったものは四倍にして返します」。これは旧約聖書の規定に上回る行為（出二二・一、六）を示しており、ザアカイの悔い改めが真実であることを証ししている。

その時、イエスは人々に宣言される。「今日、救いがこの家を訪れた。この人もアブラハムの子なのだから。人の子は、失われたものを捜して救うために来たのである」（九―一〇節）。ザアカイも信仰の父であるアブラハムの系譜に属する者である。しかし、そこから逸脱していた。信仰に生きるのではなく、我欲に生きることによって、自分を見失い、健全な人間関係も築くことができず、孤独であった。魂に満たされるものがなく、まさしく失われていた、迷い出ていた。イエスは、そのザアカイを信仰に立ち帰らせることのために来たのである、と言われた。

実に、私たち一人ひとりは迷い出ている存在である。私たちは、自分の生かされている時代や環境に順応して生きてはいる。しかし、永遠を求める思いがあり、心に空洞を抱えて、満たされるものを求めて、さまよっている。ザアカイは私たちなのである。私たちの迷い出ている、「逸脱」している姿なのでもある。

わたしたちは羊の群れ
道を誤り、それぞれの方角に向かって行った（イザ五三・六）。

わたしは、自分のしていることが分かりません。自分が望むことは実行せず、かえって憎んでいることをするからです（ロマ七・一五）。

人間は、宗教的自我の「聖なるものへの衝動」が神に真に相対することを抜きにして、心底の落ち着きどころを見出すことはできない。真なる神に相対するときに「自己の確立」が成る。ザアカイはキリストとの出会いを通して、赦しを実感として受け止めることができ、神との関係を回復し、真の意味での「自己の確立」が成った。

あなたがたは羊のようにさまよっていましたが、今は、魂の牧者であり、監督者である方のところへ戻って来たのです（一ペト二・二五）。

2　悪霊に取りつかれたゲラサ人の場合

――人間疎外の問題

人間は自己実現を果たすべく生きている。しかし、その実現を目指しながら、いつもその過程にいる。心が満たされることなく、いつも何かを求めて、放浪している。一時的に、気晴らしをして紛らわすことができても、心の空洞を満たすことはできない。人間はこの世界にいて、安住できる場を持つことができない。人間はこの世界にいて、この世界から締め出されている。これは、人間の疎外された姿である、と言われる。

「人間は疎外されている」と言うからには、疎外されていない人間のあり様を想定していることになる。今の人間のあり様は本来の人間の姿ではないとする人間観があるということである。疎外されていない人間のあり様があった。この発想の背景には、キリスト教人間観がある。

キリスト教人間観の重大なモチーフは、人間は救われなければならない存在である、という思想である。現実の人間に、救われなければならない現状、「罪人」としての悲惨な現状を見る。人間疎外の実存的理解から、「罪人」である人間の姿を示した人物として、パスカル、キルケゴール、そしてカール・バルトを挙げることができよう。
人間は救われなければならない存在なのか、キリスト教人間観を取り上げたい。キリスト教人間観を考えるには、その前提となるキリスト教世界観を理解する必要がある。まず、キリスト教世界観を取り上げたい。

キリスト教世界観

この世界を、どう理解するのかという問題である。まず、私たちがこの世界をどのように認識しているのか、最新の脳科学の成果を前提にした見解に耳を傾けてみよう。

たとえば、目の前のコップを見ている時、そのコップは物理的には確かに自己の外にあるように思われる。しかし実際には、そのコップの表象は、自己の一部である神経細胞の活動を、感覚的クオリア〔「質感」〕として感じた結果、生じたものなのである。

私たちは、認知というものを、主体と客体が独立して存在し、主体が客体を観察する……ようなモデルで捉えがちである。しかし、実際に私たち人間は自己の内側にあるものを認知することしかできないのである。全ては脳内現象なのだ。……志向的クオリアによって能動的につくられる空間を通して、目の前のコップを表彰している感覚的クオリアが自己の外側にある、という了解が成立するのである。通常の認知モデルは、このようなメタ認知において仮想的に立ち上がる

「客体」（実際には自分の一部である）を、自分の外側に外挿《がいそう》して得られるに過ぎないのである。
私たちの世界には、実は自分自身の内部をあたかも「外」にあるかのように見渡す、メタ認知〔脳が世界を「外側」から認識し直す仕方〕しか存在しない。認知の主体と客体が分離している通常の意味での「認知」のモデルは、メタ認知の一つの解釈に過ぎないのである（茂木健一郎『脳内現象』ＮＨＫブックス、二〇〇四年、一九二―一九三頁）。

認識のメカニズムに関しては、脳科学の主張することが妥当するのであろう。五感を通じて得ることのできた情報を脳が再構成して認知するので、まさしく脳が再構成したものしか認知できないであろう。しかし、メタ認識（脳が世界を「外側」から認識し直す仕方）が脳の機能として存在していることを前提としているが、なぜそのような機能が脳にあるのか問われるべきである。
また、この世界が脳の神経細胞が感覚的クオリアとして感じているものであるとしても、脳の神経細胞を刺激する外部からの感覚を否定することはできない。

認識行為も生活実践も主題としての何ものかに向かう志向作用であるが、その何ものかが存在することはあらかじめ自明である。つまり、何物かがあらかじめ「世界の中の何か」としてわれわれを触発してくる。あらゆる営為の主題を可能にするがそれ自身は主題化しない背景的前提が、世界（相関的には世界信念）であり、世界はその意味で世界地盤である。さらに、対象は前もって与えられているばかりか、一定の類型をもち、内容的な規定性をもつと同時に規定可能性の類型を有するものとして与えられている。つまり、あらゆる経験は経験地平を有する。同じ事物についての予料的な志向は内部地平、他の諸対象との潜在的な規定の可能性は外部地平と呼ばれる。地平は〈今ここ〉での事実的な規定を超越する可能性の予料であり、世界はそうしたあらゆる地平の普遍的地平、世界地平である。以上の意味での世界の経験の流れ（世界経験）のそのつど具体的な意識は世界意識と呼ばれるが、世界意識の相関者は基本的に世界地平である。事物は世界地平の内にある対象としてのみ意識され、世界は存在する対象に対する地平としてのみ意識されていると同時に、事物とは決定的に異なって単数・複数を語ることが無意味な「唯一性」(Einzigkeit) において存在する（丸山徳次「世界」、『現象学事典』弘文社、一九九四年、一二七頁）。

確認しておかなければならないことは、認識のメカニズムを脳内現象としていかに緻密に説明しようが、認識の対象としての世界が存在しているということである。確かに世界そのものを認識しているのではなく、脳内において認知し、形成された世界の表象を認識していると言うとしても、世界が存在していることを否定してはならないし、否定できない。私たちは世界の中に生きているのである。私たちが生きているこの世界をどう理解するかという世界観の問題は残る。どのような世界観を持つかは、この世界の中にあっていかに生きるかに深く関わる問題である。

さて、世界観は偶然と必然によって二つに類型化ができる。この世界の存在は偶然であって、必然によって考えられるようなことは何ひとつない。必然というのは人間が勝手に便宜的に考え出したものにすぎないとする考え方である。ニヒリズムがそれに当たるであろう。いわゆる「進化論」もこの説に入るであろう。偶然の進化の結果、現在のような世界が存在するようになったとする。
しかし、キリスト教世界観はこの世界が偶然によって存在するようになったとは考えない。神の創造の御業によって、この世界が存在せしめられたと考える。神の創造の意志（知恵）が、この世界の存在の必然性、規則性をもたらしており、したがってこの世界が存在する意味もあると考える。

初めに、神は天地を創造された（創一・一）。

主よ、御業はいかにおびただしいことか。
あなたはすべてを知恵によって成し遂げられた。
地はお造りになったものに満ちている（詩一〇四・二四）。

世界が造られたときから、目に見えない神の性質、つまり神の永遠の力と神性は被造物に現れており、これを通して神を知ることができます（ロマ一・二〇）。

神の創造を認めるとは、この世界の存在そのものにおいて神に依存していることであり、しかもあらゆる瞬間ごとに神に支えられていることを認めることである（ロマ一一・三六）。この世界には秩序が存在する、その秩序は神の知恵によってもたらされている。この世界の秩序の存在が自然科学的な探求の根拠を提供している。キリスト教文化圏に自然科学が発達した理由である。

キリスト教人間観

キリスト教人間観は、人間は「神の似像（Imago Dei）」であるということと、「罪人」であるということと、矛盾した考え方で成り立っている。

人間は「神にかたどって創造された」（創一・二七）とは、「神は霊である」（ヨハ四・二四）ので、姿・形のことを言っているのではない。すなわち、「神にかたどって創造された」とは、神が霊であられ、人格を有するように、人間も人格を有する霊的な存在であることを意味している。そして、神と人格的な交流のできる存在であるということである。

また、人格を有するとは、経験するさまざまなことがらに対して、自意識（自我）を持つ主体として、自ら決断を下す、自分の生き方を自分で決めることができるということである。理性的道徳的判断の主体であって、その行動に責任をとるべき存在であるということを意味する。

聖書の物語によると、神は人間に戒めを与えられた。

主なる神は人を連れて来て、エデンの園に住まわせ、人がそこを耕し、守るようにされた。主なる神は人に命じて言われた。「園のすべての木から取って食べなさい。ただし、善悪の知識の木からは、決して食べてはならない。食べると必ず死んでしまう」（創二・一五—一七）。

「善悪の知識の木からは食べてはならない」という戒めを破ることの意味を、戒めを破るように誘惑した蛇が語っている。「それを食べると、目が開け、神のように善悪を知るものとなる」(創三・五)。本来、善悪の基準は神に起因する。しかし、善悪の知識の木から食べるということは、善悪の基準を自分に持ってくるということであり、善悪を自分が決めるということを意味する。すなわち、神の存在を無視し、神の教えに従わず、自分が良いとする生き方(エゴイズム)を選ぶという態度を示している。善悪の基準を自分に持ってくるということは、自分の欲望や好みが基準になるということである。

神を知らぬ者は心に言う
「神などない」と。
人々は腐敗している。
忌むべき行いをする。
善を行う者はいない(詩一四・一)。

「死んでしまう」とは、人間の本来の姿ではなくなるという意味に理解できる。人間の本来の姿から離れた存在になってしまうことを意味している。キリスト教教理に「堕落」という考え方があるが、人間の本来の姿から「堕ちた」ということである。人間の現実の姿は神の創造された人間の本来の姿からかけ離れた存在となってしまった。

人間は神に反逆するべく罪の性質を身に帯びている。内村鑑三は、『キリスト教問答』（講談社学術文庫、一九八一年、二〇〇—二〇二頁）において、「まず聖書のどういうところに人間の堕落がもっとも明らかに示してありますか」の問いに対して、以下のような内容を答えている。

罪人の姿

詩篇第五十一篇にダビデの言として、「見よ、われ不義の中に生まれ、罪にありて、わが母、われをはらみたりき」（詩編五一ノ五）としるされてあります、これ、たとえ詩人の言なりとはいえ、彼の深き実験を示したものであります。「人はいかなる者ぞ、いかにして潔からん。女の産みし者はいかなる者ぞ、いかにして正しからん」（ヨブ記一五ノ一四）とは、古人のことわざとしてイスラエル人の中に伝えられた言葉であります。預言者イザヤは神の前に立って、自己の汚れに堪え得ずして、叫んで言いました、「わざわいなるかな、われ滅びなん。われは汚れたるくちびるの民の中に住みて、汚れたる唇の者なるに、わが眼、万軍のエホバにまします王を見たり」（イザヤ書六ノ五）と。「人の心は万物よりも偽るものにして、はなはだ悪し。誰かこれを知るを得んや」（エレミヤ書一七ノ九）とは、預言者エレミヤの人生観であります。主イエスの前に立てば、「聖」ペテロでさえも、イエスの足下に伏して、「主よ、われを離れたまえ。われは罪人なり」（ルカ伝五ノ八）と言わざるを得ませんでした、イエスはその弟子らを教えられるにあたっても、「なんじら悪しき者ながら云々」と言われまして、彼が選みたまいし十二弟子すら、この「悪しき者」の階級の外に立つ者でないことを示されました。聖パウロは自己を指して、「罪人のうち、われはかしらなり」（テモテ前書一ノ一五）と言いました。彼はまたキリスト信者となりし前の彼の生涯について、弟子テトスに書き贈って、「われらも前には愚かなる者、順わざる者、迷える者、さまざまの欲と楽しみの奴隷となれる者、恨み、ねたみて日を送りし者、悪むべき者、また互いに悪み合える者なりしなり」（テトス書三ノ三）と言いました。かくのごとくに、聖書人物の中で聖と呼ばれ、預言者としてあがめらるる者が、みなことごとく罪人であり、汚れたるくちびるの者であったとのことでありますれば、その他は推して知るべきであります。「聖書は万人を罪の下に閉じ込めたり」（ガラテヤ書三ノ二二）とのパウロの言は、聖書の充分に証明するところであります。「義人なし、一人もあるなし」（ロマ書三ノ一〇）、「善をなす者なし、一人もあるなし」（ロマ書三ノ一二）、「人はみなすでに罪を犯したれば、神より栄を受くるに足らず」（ロマ書三ノ二三）、聖書によりますれば、義人、善人と称すべき者は、人類ありてより以来ただ一人ありしのみとのことであります。その人は「義なるイエス・キリスト」（ヨハネ第一書二ノ一）でありますの。その他はみな「悪しき者」（ルカ伝五ノ八）であります。「まむしの子ら」（マタイ伝一二ノ三四）であります。「滅びに備えられたる器」（ロマ書九ノ二二）であります。世に生まれながらにして神の栄えを受くるに足る人ありとは、聖書のどこにも示してありません。「人もし新たに生まれずば、神の国を見ることあたわず」（ヨハネ伝三ノ三）とは、すべての人について言われた言葉であります。

内村鑑三は、神に相対するとき、罪人としての汚れを徹底的に自覚させられることを述べている。パウロも、「ユダヤ人もギリシア人も皆、罪の下にある」と言い、次のように言う。

次のように書いてあるとおりです。「正しい者はいない。一人もいない。悟る者もなく、神を探し求める者もいない。皆迷い、だれもかれも役に立たない者となった。善を行う者はいない。ただの一人もいない。彼らののどは開いた墓のようであり、彼らは舌で人を欺き、その唇には蝮の毒がある。口は、呪いと苦味で満ち、足は血を流すのに速く、その道には破壊と悲惨がある。彼らは平和の道を知らない。彼らの目には神への畏れがない」(ロマ三・一〇―一八)。

神に背を向け、自分の望むように生きようとすることは、結局、自らの欲望に従って生きることになる。その結果、欲望の争いとなり、破壊と混乱が生じる。内村鑑三は、人類の歴史は人間が罪人であることを証明していると言う。

罪人の実存的理解

ラディスラウス・ボロシュは、すべての人は罪人であり、人間の本来の姿からかけ離れているということを実存的な人間分析の姿に見ている。ラディスラウス・ボロシュについて、筆者が知っていることは『イエスとの実存的出会い』（赤波江春海、ゲオルク・エヴァス訳、中央出版社、一九七一年）の著者ということだけである。本の最終ページに著者の簡単な紹介として、「ハンガリーに生まれる。ミュンヘン大学で哲学博士の学位を取得。多くの学術論文がある。イエズス会司祭」とある。

以下に、ボロシュの人間疎外の見解をたどってみる。

ボロシュは、この世界における人間の根本状況を「世界の＝内に＝有ること」であり、人間がどのようにこの世界のなかに「存在」しているか、この世界で人間の体験とはどのようなものであるか、ということを実存的に分析している。人間は、この世界にあっては旅人、故郷のない放浪者、巡礼者である、と言う。このことの意味するところは、人間は決定的次元においてこの世界内での疎外者であるということである。動物のようにこの世界の一部分となって、安住することができない。人間は、この世界内に確固たる存在の基盤を持つことができない。

そして、死が容赦なく、その現実に人間を直面させる。突然、生涯の演技に幕が下りる時が来る。情け容赦なく、生涯をかけて、苦心惨憺して築き上げたものが何の意味ももたない、無価値なものに色あせてしまう。いったい私の生涯は何だったのか、そしてこの私は何者なのか、という問いが私を孤独のなかに、この世界からもっともかけ離れた所に突き落とす。この世界の疎遠者となり、疎外者であることを徹底的に知らされる。

さらに、ボロシュはこの世界が私にとって無縁であるのは、私が自分に対して疎外者となっているからであると言う。「世界の＝内に＝有ること」としての私が、世界内の私として存在することができずにいるということである。そして、その根本原因は、私たちが自分から疎遠になっているので、この世界での体験が故郷のない放浪の疎外者として体験することにならざるを得ない、と言う。自分自身に対しても疎外者であるという実存的状況を、ボロシュは三つ見地から捉えている。

第一に、人間は自分の意志活動において疎外者である。人間は内面的に破壊され、分裂している。人はたえず人間を超越するものを希求しているが、それを完全に自分のものとすることができない。自己本性は、つねに自分自身より先走り、獲得できないものを欲求する。人間の意志は、実際に本性が実現できるものとは「異なった」、「より偉大なもの」を追求する。具体的に追求するものが有限なものであっても、自分の行為が目ざしているものは無限なものである。人の前には、つねに新しい約束の国が開けてくる。人間の夢の躍動は、たえず測り知れない世界へと飛び立つ。人は、いつもあまりにも多くのことを欲するが、実現できるのはあまりにも少ない。際限を知らぬ存在でありながら無力であることは、人間の特徴である。事実、人間を次のように定義できよう。いつも新たな絶望に見舞われるために生まれてきた、測り知れない野望の持ち主、と。人間は、けっして自分の欲求を満足させえない不完全な存在である。さらに人間は、存在の根底において、そうありたいと願うことをつねに実現できない存在である。人間は生来、この世で果てしない欲求をもちながらも、その一部分を実現するのにあまりにも力のない存在である。私たちの意志と欲求は、果てしない欲求とそれを実現できない現実の間の緊張関係にある。生まれながらにして意志をもつ者として、私たちはけっして「自分自身」ではなく、私たちの真の存在に対して疎外者である。

第二に、人は認識においても、自分に対して疎外者である。人は自分の認識すらも、自分で所有してはいない。苦労し、死にものぐるいで追求することによって、この世で日々の生活に対処する道を見いだし、なんらかの知識を身につけることができる。それと同時に、人は自分の前に認識の底なしの深淵がぽっかりと開けてくるのに気づく。どこにでも、なにか根本的な深いものが潜んでいることに気づくが、自分がもっと幸福になるその根本的な真理を、彼の知識をもって把握することができない。ときとして、この世界は目前で不思議な変化をする。突如、人は精神の目をもって現実を見つめる。自分の存在の根底から、一本の光線が流れ出て、全世界の上に輝きわたり、この世界が事物と出来事の渦巻きではなく、本質的に一体なものと映り、私たちの観想のすばらしい贈物として出現する。このような瞬間には、どんなちっぽけなものでも、永遠の美のビジョンを伝える。だが、それをさらにみつめ、確かめ、つかまえようとすると、その不思議な変化は跡形もなく消え失せる。……ほんとうのものは、いつでも私たちの理解の網目から逃げ去る。……

第三に、人は時間の面からも、自分に対して疎外者である。人は、自分の生涯の時間さえも、完全に使うことができない。人間の時間的継続は、連続的な存在でもない。人は自分から逃げ去る存在の流れに、各瞬間ごとに飛びこむ。過去の私は、すでに私から遠ざかっている。時間に生きている私たちは、自分の存在を呼息のようにたえず吐きだしている。私たちはいつも、自分のためにむなしい存在を造っている。どこにも継続するものはない。これによって、私たちの生命を生きつづけ、希望をいだきつづけることができる。私たちは新たなものへ向かうために、自分自身から脱出し、すでに過去のものとなる。たえず新しいものが存在にはいり、しばしとどまって、また過ぎ去ってゆく。私たちは溶け去ってゆく。そして、溶け去ってゆくことによって生きつづけることができる。私たちの存在は、あたかも無数の閃光《せんこう》のように分断されている。……すでに失ったことを補うために、未来へ向かって駆けだす。とはいっても、各瞬間にただふれるにすぎず、それによってのみ生きつづけることができる。ほんとうに生きるということは、自分の本来の姿にふれることにすぎないのである。自分の生命を発展させるところは、どこにもない。自分の本性は現実化されることはない。現在の一瞬一瞬を完全に生きることは、私の力にあまる。人間とは、自分であることはできず、たえず自分になることだといえよう。人は未来に向かって駆けだすことによってのみ、自分自身となることができる。だからといって、自分の存在をほんとうに生きているのではなく、各瞬間に自分に対して「疎外者」となっている（前掲書、一三七―一四二頁）。

人間は自分自身に対して、自分不在で生きている。人間は自分自身からたえず自分の存在を取り去っている。あらゆる面で、自分の本来あるべき姿から引き離されており、どこにも自分を認めることのできる場がない。人間の実存体験の特徴は、自分の無力さ、分裂である。私たちの人間としての行為には、つねに果てしない不満がつきまとっている。その不満の由来は、人間がより大きな欲求・知識・存在を求めているからではなく、もちろんそれもあるが、その不満の根源は、自己存在の根源にまつわるまったく「異なった」ものを、到達できないなにものかを欲しているからである。人間はこの世に故郷を持たない。人間はこの世界の一部分となって、安住することができない。人間は、この世に故郷をもたず、追放の憂き目にあっているようである。これは、人間の威厳の根拠であり、宗教性の根拠でもあるが、人間はこの世で満たされることはあり得ないことを示している。人は、この世を超越した、この世とは違った存在であるからである。

疎外感の自覚としての「みじめさ」

疎外されている人間は、「みじめさ」としてそのことを体験する。人間はこの世では、はかなく、みじめで、根本的な悲惨を帯びている。人はだれでも、その存在の神秘的な深みにおいては、この世界で見捨てられた「みじめ」な存在である。

アウグスティヌスは、人間的なものはすべて「豊かなみじめさ」であると言った。パスカルも、人間の状況を「偉大なみじめさ」と言っている。

人間の偉大さは、人間が自分の惨《みじ》めなことを知っている点で偉大である。樹木は自分の惨めなことを知らない。だから、自分の惨めなことを知るのは惨めであることであるが、人間が惨めであることを知るのは、偉大であることなのである（パスカル『パンセ』〔世界の名著24〕前田陽一・由木康訳、中央公論社、一九六六年、断章三九七、二一九頁）。

これらの惨めさそのものが、人間の偉大さを証明する。それは大貴族の惨めさであり、位を奪われた王の惨めさである」(前掲書、断章三九八、二一九頁)。

そもそも、自然のなかにおける人間というものは、いったい何なのだろう。無限に対しては虚無であり、虚無に対してはすべてであり、無とすべてとの中間である。この両極端を理解することから無限に遠く離れており、事物の究極もその原理も彼に対して立ち入りがたい秘密のなかに固く隠されており、彼は自分がそこから引き出されてきた虚無をも、彼がそのなかへ呑み込まれている無限をも、等しく見ることができないのである。それなら人間は、事実の原理をも究極をも知ることができないという永遠の絶望のなかにあって、ただ事物の外観を見る以外に、いったい何ができるのであろう(前掲書、断章七二、九一頁)。

人間は、みな分裂しており、世界からも、自分自身からも疎外されている存在である。そのことを、「みじめさ」ということで体験しているのである。

カール・バルト『ロマ書講解』

バルトは、人間の疎外された状態を「忍耐する者」として描写している。この世にあって、希望を持ち、忍耐するのは、この世を超越している疎外者だからである、と言う。

あたかも善と悪、喜びと苦しみ、生と死の彼岸が存在するかのように、忍耐すること、あたかもわれわれがわれわれの存在《ダアザイン》とその在り方《ゾオザイン》の幸と不幸、上昇と下降、然《しか》りと否《いな》との中で、なにかを待つかのように忍耐すること、あたかもわれわれが負けたり、勝ったり、生きたり、死んだりして、愛において結ばれて、奉仕するべきなんらかの神が存在するかのように忍耐すること、それである。〈かのように〉というのか。そうである、もし時間をつらぬくわれわれの歩みにおいて、この忍耐を完成するならば、あたかも、われわれが見えないものを見、不可視的なものを見るかのように、われわれが忍耐する者であることとそのことは注目すべきことである。希望はこの謎の廃棄であり、「かのように」の廃棄である。われわれは、われわれのとにかく見えないものを実存的に現に見るとおり、まさにほんとうに見る。それゆえにわれわれは忍耐する。われわれが現に見るものをたんに見るだけであるなら、われわれは忍耐しないだろうし、陽気にあるいは不機嫌に、存在するもので満足するであろう。われわれが存在するもので満足することができないということ、その存在するものがわれわれの存在においては調和に達することはありえないということ、存在しないものに対する隠れた期待がわれわれの中に残っているということ、このことはわれわれが神において、キリストにおいて、霊においてもち、またそこにおいて存在しないものがわれわれと実存的に対抗する、あの見えない希望から明らかである。われわれは自分自身を正しく理解するならそのかぎりで、待つ者以外のなに者でもあろうと願うことができず、被造物の嘆きとわれわれ自身の嘆きについて知ることで満足することができ、神が神であることが明らかとなる十字架以上によいものをなにも求めることができず、自分の主人を待つ僕《しもべ》であらねばならない（『ローマ書講解』〔世界の大思想33〕小川圭治・岩波哲男訳、河出書房新社、一九六八年、二九八―二九九頁）。

バルトは、「希望を持って忍耐する」姿勢に、人間としての罪びとの姿を読み取っている。人間は救いを求めている存在として、実存的に積極的に肯定的に捉えていると言えるであろう。人間は救われるべき存在として存在している。人間の存在のあり様の実存分析が人間は救われる必要のある存在であることを示している。

現在の苦しみは、将来わたしたちに現されるはずの栄光に比べると、取るに足りないとわたしは思います。被造物は、神の子たちの現れるのを切に待ち望んでいます。被造物が虚無に服していますが、それは、自分の意志によるものではなく、服従させた方の意志によるものであり、同時に希望も持っています。つまり、被造物も、いつか滅びへの隷属から解放されて、神の子供たちの栄光に輝く自由にあずかれるからです。被造物がすべて今日まで、共にうめき、共に産みの苦しみを味わっていることを、わたしたちは知っています。被造物だけでなく、〝霊〟の初穂をいただいているわたしたちも、神の子とされること、つまり、体の贖われることを、心の中でうめきながら待ち望んでいます（ロマ八・一八―二三）。

悪霊に取りつかれたゲラサ人の場合

聖書の記述における、人間疎外のテーマを考えることのできる個所として、「悪霊に取りつかれたゲラサ人」が挙げられるであろう。

一行は、湖の向こう岸にあるゲラサ人の地方に着いた。イエスが舟から上がられるとすぐに、汚れた霊に取りつかれた人が墓場からやって来た。この人は墓場を住まいとしており、もはやだれも、鎖を用いてさえつなぎとめておくことはできなかった。これまでにも度々足枷や鎖で縛られたが、鎖は引きちぎり足枷は砕いてしまい、だれも彼を縛っておくことはできなかったのである。彼は昼も夜も墓場や山で叫んだり、石で自分を打ちたたいたりしていた。イエスを遠くから見ると、走り寄ってひれ伏し、大声で叫んだ。「いと高き神の子イエス、かまわないでくれ。後生だから、苦しめないでほしい」。イエスが、「汚れた霊、この人から出て行け」と言われたからである。そこで、イエスが、「名は何というのか」とお尋ねになると、「名はレギオン。大勢だから」と言った。そして、自分たちをこの地方から追い出さないようにと、イエスにしきりに願った。

ところで、その辺りの山で豚の大群がえさをあさっていた。汚れた霊どもはイエスに、「豚の中に送り込み、乗り移らせてくれ」と願った。イエスがお許しになったので、汚れた霊どもは出て、豚の中に入った。すると、二千匹ほどの豚の群れが崖を下って湖になだれ込み、湖の中で次々とおぼれ死んだ。豚飼いたちは逃げ出し、町や村にこのことを知らせた。人々は何が起こったのかと見に来た。彼らはイエスのところに来ると、レギオンに取りつかれていた人が服を着、正気になって座っているのを見て、恐ろしくなった。成り行きを見ていた人たちは、悪霊に取りつかれた人に身に起こったことと豚のことを人々に語った。そこで、人々はイエスにその地方から出て行ってもらいたいと言いだした。イエスが舟に乗られると、悪霊に取りつかれていた人が、一緒に行きたいと願った。イエスはそれを許さないで、こう言われた。「自分の家に帰りなさい。そして身内の人に、主があなたを憐れみ、あなたにしてくださったことをことごとく知らせなさい」。その人は立ち去り、イエスが自分にしてくださったことをことごとくデカポリス地方に言い広め始めた。人々は皆驚いた（マコ五・一―二〇）。

ゲラサとは、ガリラヤ湖の南東、五八キロメートル奥に入ったギレアデの台地にある町である。しかし、イエスがそこまで足を運んだとは考えられていない。そこで、恐らくガダラであろうと考えられている。ガダラはガリラヤ湖から一〇キロメートルほどの所にある町であって、その郊外に墓地もあったと考えられている。マタイの福音書ではガダラとなっている。豚はユダヤ人には穢れた動物として考えられていた（レビ一一・七、申一四・八）。豚が飼われている様子から、この地方が異邦人の地であることを示す。

「悪霊に取りつかれる」ということをどう理解すればよいのであろうか。まず、聖書の記述のようなことが文字通り起こったと理解する立場がある。「人間が物質世界を科学的に究明して支配できるようになれば、人生は難なく合理的に歩めるもの、とタカをくくるべきではありません。複雑な霊の世界がわたしたちを取り巻いているからです」（榊原康夫『マタイ福音書講解（上巻）』小峯書店、一九七二年、三三三頁）。

また、事実ではないが、その当時の人々の理解のもとで書かれたとする立場がある。「昔の人は暗黙のうちに、誰もみな、悪霊の存在を信じていた。もし誰かが悪霊にとりつかれていると信じこめば、悪霊のとりつかれている症状を現わした。人は、自分の中に、本当に悪霊が入りこんだのだと確信することができた。……悪霊が事実いないとしても、悪霊にとりつかれたと思っている人をなおすためには、少なくともその人には、悪霊が本当にいるのだ、という立場で接しなければならなかった」と解釈する姿勢を示している（W・バークレー『マタイ福音書（上）』松村あき子訳、ヨルダン社、一九六七年、三四九頁）。

ここでは、「悪霊に取りつかれる」ということのあり様に注目したい。悪霊にとりつかれていた人物は、人の手に負えない乱暴を働き、だれもつなぎとめておくことができなかった。叫んだり、自分を打ちたたいたりしていた。人々は取扱いに困っていた。しかし、悪霊に取りつかれた人物は、自分から人間社会を退き、墓場に住み着いていた。「墓場」は悪霊たちの住み家と考えられていた。この地方では、墓は横穴式になっていたので、雨露をしのぐことができ、住み着くことは可能であった。

ここには、徹底した疎外された人間の姿が描かれている。人間社会に適応して生活することができない様子を、墓場に住んでいるということによって表されている。自我が分裂し、社会から疎外され、自分自身からも疎外されている姿である。この世界の中にいて、人間として生きていくことができず、おもむくままに即物的・動物的に行動することによって、この世界の一部分であるかのように振る舞っている。世界内存在でありながら、世界内に安住の地を見出せない疎外者としての人間の最終的に行き着いた姿が描かれている。

イエスが湖の対岸に行かれると、悪霊に取りつかれていた人物が「墓場」から出て来て、イエスを出迎えた、とある。そして、悪霊にとりつかれていた人物は駆け寄って来てひれ伏し、「かまわないでくれ」と叫び、苦しめないでくれるように願った。このことは、悪霊に取りつかれた人物の、このままでは良くないと自覚しているが、一方では、このままに放置してほしいと願う、その矛盾した思いを示している。

イエスは、この男に向かって「汚れた霊、この人から出て行け」と言われた。すると、この男に取りついていた悪霊たちは二千匹ほどの豚に乗り移り、乗り移られた豚たちは崖を下り、湖になだれ落ちて、溺れ死んでしまい、後には、いわゆる正気に戻った男が取り残された。正気に戻るとは、この世にあっては疎外者であることを自覚している自分に戻るということである。

悪霊に取りつかれた人物にとって、正気に戻されたということは、振り出しに戻されたということであって、すなわち惨めな状態に戻されたということであって、救いになっていないのではないか、と考えさせられる。

しかし、実は、イエスこそがこの世から徹底して疎外された者である。ヨハネによる福音書の冒頭部分の記述はそのことを語っている。イエス（キリスト）は「言」と「光」として表されている。

言は世にあった。世は言によって成ったが、世は言を認めなかった。言は、自分の民のところに来たが、民は受け入れなかった（ヨハ一・一〇―一一）。

光が世に来たのに、人々はその行いが悪いので、光よりも闇の方を好んだ。それが、もう裁きになっている。悪を行う者は皆、光を憎み、その行いが明るみに出されるのを恐れて、光の方に来ないからである（ヨハ三・一九―二〇）。

また、イエスが罪を犯されなかったとは、この世に調子を合わされなかったということである。そのゆえに、イエスはこの世からは理解されるどころか、悪霊（悪霊の頭、ベルゼベル）に取りつかれていると忌避され（マタ一二・二四、マコ三・二二、ルカ一一・一五、ヨハ一〇・二〇）、十字架刑に処せられた。イエスの生涯はイエスがこの世界から徹底して疎外された者であることを証している。

そのようなイエスを、この悪霊に取りつかれた人物は直観的に理解し、認めたので、救いを求めたと考えられる。そして、この人物は正気に戻された。それは、疎外された状況に戻されたということであって、救いになっていないのではないかと考えさせられる。

しかし、徹底的に疎外されたお方であるイエスに出会うことによって、疎外されていたこの人物が自己を肯定することができたのである。それは、この世界に執着する生き方をしなくても良いということであり、疎外者がこの世界に関わりをもって生きていくことに積極的な意義を見出せることになったことを意味する。

それは、今、生かされているそのところで生きていくことを肯定することである。私たちはこの世界において疎外者である。聖書は、そのような私たちを「この世にあっての旅人、寄留者」であると表現している。私たちはこの世界にあって、旅人、寄留者としての自覚を持って、積極的に、実存的に生きることが求められている。この世に調子を合わせる生き方ではなく、キリストを模範として生きることが、私たちの生き方となるのである。

それで、イエスもまた、……門の外で苦難に遭われたのです。だから、わたしたちは、……宿営の外に出て、そのみもとに赴こうではありませんか。わたしたちはこの地上に永続する都を持っておらず、来るべき都を探し求めているのです（ヘブ一三・一二―一四）。

これは、V・E・フランクルの言う、「人生の問いに対するコペルニクス的転換」にも通じるであろう。「ここで必要なのは生命の意味についての問いの観点の変更なのである。すなわち人生から何をわれわれはまだ期待できるかが問題なのではなくて、むしろ人生が何をわれわれから期待しているかが問題なのである。……すなわちわれわれが人生の意味を問うのではなくて、われわれ自身が問われた者として体験されるのである。人生はわれわれに毎日毎時問いを提出し、われわれはその問いに、詮索や口先ではなくて、正しい行為によって応答しなければならないのである。人生というのは結局、人生の意味の問題に正しく答えること、人生が各人に課する使命を果たすこと、日々の務めを行うことに対する責任を担うことに他ならないのである」（V・E・フランクル『それでも人生にイエスと言う』山田邦男・松田美佳訳、春秋社、一九九三年、一八四頁）。

あなたがたは地の塩である。だが、塩に塩気がなくなれば、その塩は何によって塩味が付けられよう。もはや、何の役にも立たず、外に投げ捨てられ、人々に踏みつけられるだけである。あなたがたは世の光である。山の上にある町は、隠れることができない。また、ともし火をともして升の下に置く者はいない。燭台の上に置く。そうすれば、家の中のものすべてを照らすのである。そのように、あなたがたの光を人々の前に輝かしなさい。人々が、あなたがたの立派な行いを見て、あなたがたの天の父をあがめるようになるためである（マタ五・一三―一六）。

3　サマリアの女の場合
——愛の問題

茨城キリスト教学園高等学校に赴任して間もない頃、高等学校の図書館で『イエスとの実存的出会い』（ラディスラウス・ボロシュ著）という本に出会った。訳者のまえがきに、老年になった正宗白鳥の言葉が紹介されていた。「僕はキリスト教をもとほんとうに信じてゐた。……僕にとっては、キリストといふのはもう特別扱いだ。……僕はよくキリストを捨てたと言われてゐる。事実教会に行くことはやめたけれども、さういふ気持はいつも頭に湛へてゐるのだ。……一番心をひかれるのは聖書だ。一生ロクでもないことをやったのではないかと言われてたって、キリストは捨て切れない」「……また、……茫然たる神を眼前に浮かべるよりも、キリストをわが信仰の目標とした方が、いきいきとして親しみ深く、感動も深い」（「文学八十年」『文学界』昭和三四年二月号）。

キリスト教はキリストを説いている。キリスト教の思想を説くことをしてしまいがちであるが、キリストがキリスト教の中心（核心）であり、キリストのことが説かれることが最も重要である。

あなたたちは聖書の中に永遠の命があると考えて、聖書を研究している。ところが、聖書はわたし（キリスト）について証しをするものだ。それなのに、あなたたちは、命を得るためにわたしのところへ来ようとしない（ヨハ五・三九―四〇）。

『イエスとの実存的出会い』という本は、「イエスが私たちと同じ人間性をもちながらも、人間を越えた神秘性を持ち合わせているキリストである」ことを示すことを目指している。私たちの体験する「愛、謙遜、話、あわれみ、疎外、悔い改め、信仰、希望、誘惑、沈黙」を、人間の実存的体験として現象学的に分析し、イエスのそれは人間の限界を超えた神秘性に至ることを示すことによって、イエスのキリスト性（神性）を描くことを目指している。そして、そのようなイエスの神秘性に出会うことが「イエスとの実存的出会い」であり、そのような出会いは人を変えると言う。

ボロシュは、ナザレのイエスは一介の人間にすぎなかったのかと問い、分析を試みる。そして、人間の限界を越えて「究極的深みとか、もっとも内面的なこととかは、ナザレに生まれたひとりの青年のうちに完全に実現した」（八頁）と言う。イエスの聖書に描かれている姿が哲学的な概念では的確に語ることができないという地点にまで行き着くとき、必然的に私たちの理解を超えた世界を指し示すことになり、私たちに相対する「完全な他者、全存在の深みの根源と出会う」（九頁）ことになる。それは、私たちの存在の根源的な深みにおいてイエスと出会うことになる。そのような地点にまで至り、イエスに出会うことが「イエスとの実存的出会い」であり、「ここここそ私たちが神に出会い、実存的感動を体験する所である」（九頁）と言う。

マルティン・ブーバーは『我と汝・対話』(植田重雄訳、岩波文庫、一九七九年)という本の中で、「真の生とは出合いである」(一九頁)と言っている。真の人格的出会いがもたらす効果を、出会いという決定的な瞬間において、いままでにない、まったく新しい事柄がわれわれに起こるとか、人間が最高の出会いの瞬間から出てゆくときには、これにはいってゆく以前と比べるとまったくちがった人間になる、と言っている。

「イエスとの実存的出会い」が起こったのであれば、その人は変えられるであろう。そして、その結果として、その人の生き方が変えられることになるであろう。さて、「イエスとの実存的出会い」とは、どのような出会いなのか、どのようにして起こるのか、またどのように変えられるのか、「サマリアの女」(ヨハ四・一—三〇)の場合を取り上げて、考えてみたい。

聖書の記述は以下である。

イエスは……ユダヤを去り、再びガリラヤへ行かれた。しかし、サマリアを通らねばならなかった。それで、ヤコブがその子ヨセフに与えた土地の近くにある、シカルというサマリアの町に来られた。そこにはヤコブの井戸があった。イエスは旅に疲れて、そのまま井戸のそばに座っておられた。正午ごろのことである。

サマリアの女が水をくみに来た。イエスは、「水を飲ませてください」と言われた。弟子たちは食べ物を買うために町に行っていた。すると、サマリアの女は、「ユダヤ人のあなたがサマリアの女のわたしに、どうして水を飲ませてほしいと頼むのですか」と言った。ユダヤ人はサマリア人とは交際しないからである。イエスは答えて言われた。「もしあなたが、神の賜物を知っており、また、『水を飲ませてください』と言ったのがだれであるか知っていたならば、あなたの方からその人に頼み、その人はあなたに生きた水を与えたことであろう」。女は言った。「主よ、あなたはくむ物をお持ちでないし、井戸は深いのです。どこからその生きた水を手にお入れになるのですか。あなたは、わたしたちの父ヤコブよりも偉いのですか。ヤコブがこの井戸をわたしたちに与え、彼自身も、その子供や家畜も、この井戸から水を飲んだのです」。イエスは答えて言われた。「この水を飲む者はだれでもまた渇く。しかし、わたしが与える水を飲む者は決して渇かない。わたしが与える水はその人の内で泉となり、永遠の命に至る水がわき出る」。女は言った。「主よ、渇くことがないように、また、ここにくみに来なくてもいいように、その水をください」。

イエスが、「行って、あなたの夫をここに呼んで来なさい」と言われると、女は答えて、「わたしには夫はいません」と言った。イエスは言われた。「『夫はいません』とは、まさにそのとおりだ。あなたには五人の夫がいたが、今連れ添っているのは夫ではない。あなたは、ありのままを言ったわけだ」。女は言った。「主よ、あなたは預言者だとお見受けします。わたしどもの先祖はこの山で礼拝しましたが、あなたがたは、礼拝すべき場所はエルサレムにあると言っています」。イエスは言われた。「婦人よ、わたしを信じなさい。あなたがたが、この山でもエルサレムでもない所で、父を礼拝する時が来る。あなたがたは知らないものを礼拝しているが、わたしたちは知っているものを礼拝している。救いはユダヤ人から来るからだ。しかし、まことの礼拝をする者たちが、霊と真理をもって父を礼拝するときが来る。今がその時である。なぜなら、父はこのように礼拝する者を求めておられるからだ。神は霊である。だから、神を礼拝する者は、霊と真理をもって礼拝しなければならない」。女が言った。「わたしは、キリストと呼ばれるメシアが来られることを知っています。その方が来られるとき、わたしたちに一切のことを知らせてくださいます」。イエスは言われた。「それは、あなたと話をしているこのわたしである」。

ちょうどそのとき、弟子たちが帰って来て、イエスが女の人と話をしておられるのに驚いた。しかし、「何か御用ですか」とか、「何をこの人と話しておられるのですか」と言う者はいなかった。女は、水がめをそこに置いたまま町に行き、人々に言った。「さあ、見に来てください。わたしが行ったことをすべて、言い当てた人がいます。もしかしたら、この方がメシアかもしれません」。人々は町を出て、イエスのもとへやって来た。

イエスは、エルサレムからガリラヤに行かれるのに、サマリアを通られた。ユダヤ人はサマリアを避けていた。北王国イスラエルの首都であったサマリアは、紀元前七二二年にアッシリアに占領され、他民族が移住し、人種的混淆が起こり、ユダヤ人の人種的純粋性が失われたとして、ユダヤ人はサマリア人を軽蔑し、つきあいをしなくなった。そのために、通常、ユダヤ人はエルサレムからガリラヤに行くときは、サマリアを避け、ヨルダン川の東側の迂回路を通った。しかし、この時には、イエスはサマリアを通られた。「サマリアを通らねばならなかった」（四節）は、どのような意味であったのであろうか。何らかの事情で急いでいたので、迂回せず、サマリアを横切ろうとしたのである、と考えられる。イエスがサマリアのこの女性のことを知っておられることを考えると、この女性に出会われるために、サマリアを通られたと考えるべきであろう、と思われる。

シカルというサマリアの町外れには、ヤコブが掘ったとされる井戸があった。ヤコブはユダヤ人とサマリア人の共通の祖先である。現在でも水が汲み出されている井戸である。

イエスの方から近寄られる

イエスは疲れて、井戸のかたわらに休んでおられた。弟子たちは食料を買いに、近くの町に行っていたので、イエス一人だけそこにいた。正午ごろのことであった。このような時間に、水をくみに来る人はいない。人々は家で休んでいる時間である。当時の生活習慣として、人々は夕暮れ時に水をくみに来ていた。

しかし、この女性は人目を避けて、あえてこの時間に水をくみに来たのであった。この女性は、人々から淫らな女であると見られていた。この当時、五回も離婚するとは普通では考えられない（一八節）。律法の教えでは、不倫や姦淫の罪を犯した女性を夫が離縁するということが許されていた。しかし、実際には厳密に教え通りに守られていなかったようで、男性の勝手な都合で離婚が行われていたようである。それにしても、結婚という形式であっても、多くの男性と関係をもった女性であった。人々がそのような女性に対し、淫らな女であるという偏見を持つことは容易に想像がつく。しかも、今、同棲している男性は夫ではなかった。そのような事情から、この女性は人々の目を避けて、あえて人々が来ない時間を選び、水を汲みに来たのであった。

人目を避けて、水をくみに来たこの女性は、そこにイエスがいるのに驚いた。一瞬たじろいだであろう。しかし、イエスがユダヤ人男性であったので、関わりを持たずに水を汲んで立ち去れると考えた。ユダヤ人とサマリア人は交際していなかったし、ましてユダヤ人男性がサマリアの女性に声をかけるなど考えられなかった。水は生活に必要であり、水を汲まずに帰るわけにいかず、さっさと水を汲んで立ち去ろうとした。その時、こともあろうにそのユダヤ人男性が「水を飲ませてください」と声をかけたのであった。

女性はとっさに「ユダヤ人のあなたがサマリアの女のわたしに、どうして水を飲ませてほしいと頼むのですか」と返答している。この返答はイエスへの拒否反応の態度である。人々の非難の目を向けられていた女性の、人々との交流を拒む自己防衛の態度が示されている。自分と他人との間に壁をつくり、関わりを持たず、自分を守ろうとする態度であろう。この女性のイエスに対する最初の反応は、イエスを拒絶することであった。

イエスの愛の関わり

イエスはそのような女性の態度を意に介さず、女性の関心を引くようにして、なおも語りかけられる。「もし、あなたが、神の賜物を知っており、また、『水を飲ませてください』と言ったのがだれであるか知っていたならば、あなたの方からその人に頼み、その人はあなたに生きた水を与えたことであろう」と言われた。

するとこの女性はイエスの礼儀正しく、人を差別しない態度に触れ、イエスに向き直ったようである。また「生きた水」というイエスの言葉がこの女性の心に響いた。「生きた水」とは、「溜まっている水」に対して「流れている、泉のようにわき出ている水」のことを意味していた。この女性は水を求めてヤコブの井戸に来ていた。そして、「水を飲ませてください」と言った当人が、「生きた水」を与えると言うのであった。その真意が分かるはずもなく、不審に思って「主よ、あなたはくむ物をお持ちではないし、井戸は深いのです。どこからその生きた水を手にお入れになるのですか」と逆に問うている。「主よ」という呼びかけに、このユダヤ人男性が他の人とは違う、教えを説く人物ではないか、と理解したように考えられる。

さらに、イエスは言われた。「この水を飲む者はだれでもまた渇く。しかし、わたしが与える水を飲む者は決して渇かない。わたしが与える水はその人の内で泉となり、永遠の命に至る水がわき出る」(一四節)。先祖ヤコブからの恩恵としての井戸から汲み上げられる水は、一時的に渇きをいやすが、また渇く。その都度の渇きをいやす、限度ある恵みしか提供できない。しかし、イエスは「わたしが与える水を飲む者は決して渇かない。その人の内で泉となり、永遠の命に至る水がわき出る」と言われた。この時点で、イエスが与えようとされる水は、心の渇きをいやすものであることが明らかになるのである。イエスが与えようとされる水は、心の渇きを「永遠に潤す」ことのできる「永遠の命に至る水」である。

さて、人間には「永遠を思う心」があると、聖書は教える（コヘ三・一一）。ニーチェも言う。「われは永遠を求める」（『ツラトゥストラはかく語りき』）。P・ティリッヒは「究極的関心」と表現した（『文化の神学』）。アウグスティヌスは『告白』の巻頭で言っている。「人間は神に似せて造られたので、神のところに帰らなければ心の安らぎを得ることができない」。永遠を求める思いは、神の存在を認める者にとっては、神への渇きとして自覚される。

涸れた谷に鹿が水を求めるように
神よ、わたしの魂はあなたを求める。
神に、命の神に、わたしの魂は渇く（詩四二・二―三）。

しかし、私たちの現実生活は、永遠を求める思いに無頓着である。その都度その都度、一時的に心を満たすものがあれば事足りるという生き方をしている。時に、より深い心の求めを感じ、人生の虚しさにため息することがあっても、その都度気晴らしするものがあれば、それを楽しむことによって、永遠を求める思いをやり過ごし、人は生きている。永遠を求める思いに事は至らず、渇きを一時的にいやされることで満足して生きている。

パスカルは言う。「悲惨。――われわれの悲惨を慰めてくれる唯一のものは、気ばらしである。とはいえ、それこそ、われわれの悲惨のうちでの最大の悲惨である。なぜなら、われわれに自己自身のことを考えないようにさせ、われわれを知らず知らずのうちに滅びにいたらせるものは、主としてそれであるからである。……気ばらしはわれわれを楽しませ、知らず知らずのうちにわれわれを死にいたらせる」（パスカル『パンセ』〔世界の大思想8〕松浪信三郎訳、河出書房新社、一九六五年、断章一七一、八七頁）。「気晴らし」が私たちの生きることの実態であろう。「永遠を求める思い」、「究極的関心」などに関心を寄せることなどなく、「気晴らし」が現実生活であると開き直り、生きているのが私たちの姿ではないか。

キルケゴールは、人間は一般化されない、個々特殊な存在であり、選択し、行動する主体である単独者としての実存的存在であると主張する。しかし、人は単独者としての不安に耐えられず、「類」となり、制度やシステムそして世間に同調することによって安楽に生きようとする。その姿は自己疎外、すなわち自己を見失った「絶望」の姿であり、「死にいたる病」に罹っていると言う。

永遠を求める思いが人間にはある。人間の本当の悲惨は、永遠を求める人間としての実存的あり様をないかのように封じ込め、本来の自己を見失っている姿にある。

神よ、あなたはわたしの神。
わたしはあなたを捜し求め
わたしの魂はあなたを渇き求めます。
あなたを待って、わたしのからだは
渇ききった大地のように衰え
水のない地のように渇き果てています（詩六三・二）。

イエスはこの女性の心の渇きを見抜いておられた。そこで、「生きた水」の問答を投げかけられたのであった。なぜそう言えるのであろうか。その女性が「その水をください」と言ったとき、イエスは即座に「あなたの夫をここに呼んで来なさい」と言われたことに暗示されている。この女性には「五人の夫がいたが、今連れ添っているのは夫ではない」（一八節）ということであった。

このサマリアの女性は、心の渇きの満たしを愛に求めた。男女の愛に求めた。それは結婚によって得ることができると考えたのであろう。この女性は、自分の心の渇きが人間存在の根源的な渇きであると自覚していたかは定かではないが、男女の愛によって心の満たしが得られると考えた。その結果、五人の夫がいたが、今、同棲している男性は夫ではないということになったのではないか。

結婚への幻想

このサマリアの女性は、心の渇きの満たしを男女の愛に求めた。そして、結婚した。しかし、得られず、失望し、離婚した。新たな男性を求め、今度こそはと期待しながら再婚した。しかし、得られずの繰り返しであった。それでも、このサマリアの女性は、なおも求めている姿を示している、と言えよう。男女の愛には自分の欠けを補い、満たす喜びや陶酔がある。心が満たされる。このサマリアの女性は、理想の相手に出会うことができたなら、心の渇きは満たされたのであろうか。

他人を愛しはじめるとき、自分はすでに完成の域に達したかのように生きはじめるのに気づく。愛の光のうちに、私たちの日常生活、身近なこと、よく知っていることが様相を一変する。ありきたりな種々なことが、はじめて接するかのように思え、古いものが新しい意味を帯びてくる。「私は愛する（愛されている）、ゆえに私は存在する」とは、愛の特徴のひとつであろう。たしかに、愛し愛されるかぎり私は存在する。それと同時に、私たちには現状を越えようとする愛の根本的要求があることも、愛のもうひとつの特徴として現われる。愛の躍動は必然性をもって、自分の具体的現状を越えさせようとする。この愛の躍動は消え去ることがない。愛という言葉自体が、静と動の両面をもっている（ラディスラウス・ボロシュ、前掲書、一三〇頁）。

愛は偉大なものであるだけに、また愛に対する恐れもある。愛するとき、有限でもろくはかない被造物が私たちの無限の努力の「対象」となる。しかし、だれしもこの要求を満たすことはできないのだ。だれでも相手の自分に寄せる愛に失望せざるをえないし、形而上的存在者として、そのような愛に満足できないのである。この愛への絶望に耐えながら、それでも愛しつづけること、愛する相手の限界を体験しながらも、「あなたは無限だ」と愛のしるしである言葉を投げかけることは、人間の行為のなかでももっともすぐれた行為である。このことを「誠実」という。……ほんものの愛は、いつでも誠実さのうちに現われ、死ぬまでの共同生活のうちに実現されてゆく（前掲書、一三一―一三三頁）。

愛し愛されることによって、あらゆるものが新しい色合いを持つものに見えてくる。愛は人生に豊かな彩りをもたらす。心の渇きが満たされ、生きている喜びを経験する。自分の存在の意義を深く実感する。より深く、豊かな充実を求めて、さらに愛することを欲する。愛の本質的な側面に、「動」があると、ボロシュは言う。愛の「動」の側面は対象に「無限」を求める。しかし、愛する相手は有限な存在である。それは、愛する相手に失望するという必然的結果をもたらす。男女の愛はそのような限界が伴っている、と言うべきであろう。

それでも愛の関係を保つということは、すなわち離婚しないということは、あきらめ、妥協することにならないのか。そうではなく、男女の愛の限界を了解しつつ、愛し合うことが求められるのである。「誠実」に留まり、相手を愛しつづけること、それが結婚ということであり、結婚を維持する愛のあり方である。

男女の愛に理想を求めるとき、失望せざるを得ない。男女の愛の有限性（限界）を認識しなければならない。私たちが「無限」を求める思いの対象は、有限な人間ではなく、無限の存在である神でなければならない。

イエスがサマリアの女性に言われた。「行って、あなたの夫をここに呼んで来なさい」（一六節）と。この女性への意表を突くこの言葉の真意は、ほとんどの注解書では、ここで会話を一変させて、この女性の罪を指摘し、悔い改めを迫ることにある、というものである。たしかに、この女性に自分を省みさせる機会を与えたと言えるであろう。しかし、会話の一変ではないのである。男女の愛、結婚への幻想に対して、その有限性を自覚させて、正しく認識させ、そして悔い改めさせようとされた、イエスのこの女性への深い配慮の行き届いた行為であった。

「わたしには夫はいません」（一七節）という、ごまかしのないこの女性の返答には、自分のことを知り、自分の求めているものを洞察し、正しく導こうとされているイエスに、心を開いているあり様が示されている。自分を正当化する態度を捨て、誠実に答えている、と読み取ることができる。

さらに、本質的な実存的悔い改めが行われているというべきであろう。罪とは、ギリシア語で「ハマルティア」と言う。原意は「的外れ」である。神に求めるべきものを神以外に求めることは、的外れであり、罪ということになる。神以外を神としてしまう態度であり（ロマ一・一八―二三）、それは偶像礼拝の罪である。男女の愛に、神に求めるべきものを求めている、このサマリアの女性の態度は「的外れ」であり、罪である。男女の愛を偶像化している、と言える。このサマリアの女性は、イエスとの出会いにより目が開かれ、男女の愛へ適切な理解を持つようになり、神に心から相対することができるようになった。まさしく悔い改めであり、生き方の根本的な転換が起こった、と受け止めることができる。

神礼拝

人間存在の実存的な「永遠を求める思い」は、「永遠なる神」に求める以外に満たされることはできない。ルターは言う。

第三十　以上に述べたことの全体から、次の結論が生ずる。すなわち、キリスト者は自分自身のうちに生きるのでなく、キリストと自分の隣人とにおいて生きる。すなわち、キリストにおいては信仰を通して、隣人においては愛を通して生きるのである。彼は信仰よって自分を越えて神へとのぼり、神のところから愛によってふたたび自分のもとへとくだり、しかも常に神と神の愛のうちにとどまる。……見よ、これが真の、霊的なキリスト者の自由であって、心をあらゆる罪と律法と戒めから自由にする。それは天が地より高いように、ほかのあらゆる自由にまさるものである。神よ、どうかわれわれがこの自由を正しく理解し、これを保つことを許したまえ。アーメン（ルター『キリスト者の自由』［世界の名著18］塩谷饒訳、中央公論社、一九六九年、七七頁）。

ルターは、人間の真に自由な行為は神への礼拝であると言う。礼拝において、永遠なる神に向かう時、この世の有限なものに捕らえられた状況から解放され、魂の自由が実現すると言う。永遠なる神に相対することによって、真の魂の自由を得ることができ、人間としての実存的な心の渇きをいやすことができる。

サマリアの女性は、イエスに「主よ、あなたは預言者だとお見受けします。わたしどもの先祖はこの山で礼拝しましたが、あなたがたは、礼拝すべき場所はエルサレムにあると言っています」（ヨハ四・一九―二〇）と言った。この言葉は自分の都合の悪いことがらから目をそらすために言われている、と注解されたりする。しかし、そうではなく、自分の心の渇きは神によってしか満たされない、と受け止めたこの女性が、神に向かう行為、すなわち礼拝のことに言及しているのである。この女性の「主よ」という呼びかけは、イエスを預言者であると認め、より深い理解に及んでいる。預言者とは神から遣わされた人物であり、隠れた事柄を洞察し、物事の本質を説き明かすことのできる人物である、という意味合いである（ヨハ四・一九）。

イエスは答えられた。「あなたがたは知らないものを礼拝しているが、わたしたちは知っているものを礼拝している。……まことの礼拝をする者たちが、霊と真理をもって父を礼拝する時が来る。今がその時である。なぜなら、父はこのように礼拝する者を求めておられるからだ。神は霊である。だから、神を礼拝する者は、霊と真理をもって礼拝しなければならない」（四・二二―二四）。神への真実な礼拝が、場所や儀式によって形式的に行われるのではなく、神への直接的な行為として、「霊」すなわち「心から湧き上がる思い」で、神を「正しく知って」行われる時が来る。その時、私たちの永遠を求める心の渇きが満たされる。

キリストの働き

どうしたら、その方〔神〕を見いだせるのか。
おられるところに行けるのか。
だが、東に行ってもその方はおられず
西に行っても見定められない。
北にひそんでおられ、とらえることはできず南に身を覆っておられて、見いだせない（ヨブ二三・三、八―九）。

霊と真理による神への礼拝によってしか満たされない、人間の実存的な求め（永遠を求める思い）がある。しかし、礼拝すべき対象である神を知ることができなければ絶望的である。神とはどのようなお方であるか、知ることができなければ、礼拝すること自体が不可能である。

さらに、サマリアの女性はイエスに言った。「わたしは、キリストと呼ばれるメシアが来ることは知っています。その方が来られるとき、わたしたちに一切のことを知らせてくださいます」（ヨハ四・二五）。ここまで問答が進んで来た時、イエスは自分こそがそれである、と明かされた。キリスト（ギリシア語）とは、「油注がれた者、救い主」という意味であり、メシアはそのヘブライ語である。ヨハネによる福音書一章には、「いまだかつて、神を見た者はいない。父のふところにいる独り子である神（キリスト）、この方が神を示されたのである」（ヨハ一・一八）とある。イエス（キリスト）は神とはどのようなお方であられるのか、そのことを説き明かすために来られた。イエス（キリスト）を通して、私たちは真の神はどのようなお方であるかを知ることになったのである。従って、イエス（キリスト）が来られたことによって、私たちは霊と真理をもって神を礼拝することができるようになったのである。

さて、その後、サマリアの女性は「水がめをそこに置いたまま町に行き、人々に言った。『さあ、見に来てください。わたしが行ったことをすべて、言い当てた人がいます。もしかしたら、この方がメシアかもしれません』」（二八―二九節）。人目を避けて、水をくみに来たこの女性は、人目をはばからず、人々の中に入って行き、人々に呼びかけている。このサマリアの女性はイエスに出会うことによって、人を恐れない、自由な生き生きした姿に変えられた。このサマリアの女性のイエスとの出会いは、この女性の生き方を変えた、まさしく「イエスとの実存的出会い」であった。

「イエスとの実存的出会い」は、人々をして真実の神に目を向けさせることになる。そして、神を知るということは、神以外のものを絶対視しない、神以外のものを有限な相対的なものとする態度を形成することになる。それは、ルターの言う通り、人間としての最も自由なあり様である。永遠の神に相対することをせずして、「永遠を求める思い」が満たされるということは起こり得ない。永遠を求める思いが満たされるために、「イエスとの実存的出会い」がすべての人間に必要である。

祭りが最も盛大に祝われる終わりの日に、イエスは立ち上がって大声で言われた。「渇いている人はだれでも、わたしのところに来て飲みなさい。わたしを信じる者は、聖書に書いてあるとおり、その人の内から生きた水が川となって流れ出るようになる」（ヨハ七・三七―三八）。

4　中風の人の場合
――苦難・病気の問題

　思いがけない、予想もしなかった苦しみがときに私たちを襲う。その苦しみが耐え得るものであるなら、それなりに冷静に、自分を見失うことなく、受け止め、乗り越えることができるであろう。しかし、私たちには苦しみに耐えることのできる限界点がある。限界点を超えた苦しみは、苦しむ人を徹底的に追い込み、絶望感に陥らせることになる。そうは言っても、この限界点を客観的に定めることはできない。同じような経験であっても、ある人には限界点を超える苦しみになってしまっても、ある人にはそうでないということがあり得る。苦しみを耐えることのできる限界点は人によって異なるであろう。その人の人生観や信念、そして信仰が深く関わっている。苦しみを不合理であり、不条理なものであると考えるとき、苦しみは幾倍にもなって、私たちにのしかかる。不合理であるとか、不条理であるとかを判断しているのは、その人の人生観や信念、そして信仰によるからである。

　限界点を超える苦しみを私たちが経験しない保障はない。限界点を超えるような、不合理な、不条理な苦しみを経験させられるとき、どうすれば良いのであろうか。

苦しみの社会性

苦しみを経験するのはそれぞれの個人である。苦しみを経験している個人に対して、周りの人々は冷酷である。自分が苦しみを経験していないことに安堵するだけでなく、苦しみを経験している人に対して蔑むような態度をとる。苦しみを経験させられている個人は、人々の視線や振る舞いによって、苦しみをさらに苦しいものにする。

シモーヌ・ヴェーユは、不幸な人を蔑み、軽蔑するのは、人間の自然な持って生まれた性質であると言う。

人間の肉体的な本性は動物と共通のものだ。めんどりたちは傷ついためんどりにとびかかって、つつこうとする。これは重力と同じようにメカニックな現象だ。わたくしたちの理性が罪に結びつけるすべての侮辱、すべての嫌悪、すべての憎悪を、わたくしたちの感受性は不幸に結びつける。キリストが魂の全体を占めている人々を除いては、すべての人が、ほとんどだれも意識していないけれども、不幸な人を侮蔑している(シモーヌ・ヴェーユ『神を待ち望む』[シモーヌ・ヴェーユ著作集4] 渡辺秀訳、春秋社、一九七五年、八五頁)。

人間の残酷な性格を指摘している。しかし、同じ社会に生きているかぎり、苦しみはすべての人が同じように経験する可能性のあるものである。私たちは社会と隔絶して生きていない。社会に存在する苦しみは共時的に生きているすべての人に無関係ではない。すべての人が何らかのかたちで関わっており、そしてすべての人に起こり得るという苦しみの社会性がある。

聖書に、以下のような記述がある。

ちょうどそのとき、何人かの人が来て、ピラトがガリラヤ人の血を彼らのいけにえに混ぜたことをイエスに告げた。イエスはお答えになった。「そのガリラヤ人たちがそのような災難に遭ったのは、ほかのどのガリラヤ人よりも罪深い者だったからだと思うのか。決してそうではない。言っておくが、あなたがたも悔い改めなければ、皆同じように滅びる。また、シロアムの塔が倒れて死んだあの十八人は、エルサレムに住んでいたほかのどの人々よりも、罪深い者だったと思うのか。決してそうではない。言っておくが、あなたがたも悔い改めなければ、皆同じように滅びる」(ルカ一三・一―五)。

エルサレム巡礼の祭礼の賑わいを、不穏な騒動に利用しようとした暴徒たちがいた。総督であったピラトが鎮圧した時、ガリラヤ人の巡礼者を巻き込み、虐殺するという事件が起きた。また、エルサレム南壁近くにあるシロアムの池あたりに建てられていたと考えられる塔(シロアムの塔)が倒れるという偶発的な事故が起きた。その時、一八名の人たちが巻き込まれて死んだ。人々は、そのような事件、事故に巻き込まれる人たちは、そのようなことに巻き込まれるべく罪深い人たちであると考えていた。
しかし、イエスは、不幸にあった人たちは特別に罪深い人たちだからではない、どのような人であっても、不幸は隔てなく起こり得るものである、と言われた。不幸にあった人々を見下し、自分でなくて良かったと、不幸な目に遭った人たちを蔑むような思いや優越感を持つことを戒められた。

E・S・ゲルステンベルガーとW・シュラーゲは、苦しみの社会性を述べている。「苦しみはその原因においても、結果によっても、もっぱら個人的な出来事ではないということである」（E・S・ゲルステンベルガー、W・シュラーゲ『苦しみ』吉田泰・鵜殿博喜訳、ヨルダン社、一九八五年、一六頁）。「社会自体が構造的に引き起こす苦しみ」から、社会に生きる者は免れることはできないという苦しみの必然的な社会性と、さらには、個人の苦しみが周囲の世界を巻き込んでいくという社会性を指摘している（前掲書、一七頁）。

神谷美恵子は、瀬戸内海にある国立療養所長島愛生園で、ハンセン病患者の精神科医として臨床で関わった体験から、ハンセン病患者の人たちへの思いを詩で表現している。苦しみの社会性を前提にしていると言えよう。

らいの人に

光うしないたるまなこうつろに
肢《あし》うしないたるからだになわれて

診察台《だい》の上にどさりとのせられた人よ
……
なぜ私たちではなくてあなたが？
あなたは代って下さったのだ
代って人としてあらゆるものを奪われ
地獄の責苦《せめく》を悩みぬいて下さったのだ（神谷美恵子『人間を見つめて』朝日新聞社、一九七一年、一三七―一三九頁）。

旧約聖書の教え

旧約聖書は、苦しみについてどのように教えているのであろうか。旧約聖書には、苦しみのもたらす効果を認めていないわけではないが、苦しみは本来あるべきものではないという考え方が基調としてある。神の創造された原初の世界に生きるべく、人間に神は戒めを与えられた。しかし、人間が神の戒めを破り、罪を犯すことにより、人間中心の価値観がこの世界に歪みを生じさせ、この世界がのろわれたものとなり、女性には産みの苦しみが、男性には労働の苦しみが生じ、人間は死ぬべき存在になってしまった、と旧約聖書の創造物語（創一―三章）は語る。

旧約聖書は、苦しみは単に肉体上の事柄であると考えない、魂の問題と深く関わっていると考える。「旧約聖書によれば、薬を使ってどうにかできるような純粋に肉体上の事柄であったかのように考えてはならない。……肉体と魂はまさに苦しみという点では一体である、という考え方は、……当たり前になっていた」(E・S・ゲルステンベルガー、W・シュラーゲ、前掲書、四九頁)。魂の問題が病気の原因に関わっていると考えられた。すなわち、律法の規範に違反することによって、神との健全な関係がそこなわれた魂が、病気の原因となっていると考える(詩三八・四―九、一八―一九)。

さらに、旧約聖書は、楽園においてアダムとエバを誘惑した、狡猾な蛇のような悪しき存在(サタン)を認めている。そして、多くの病気の原因に、この悪しき存在が関わっていると考えられた(詩九一・六―七、一二一・六)。ヨブの病気の原因は、悪しき存在(サタン)によるものであった(ヨブ二・七)。多くの病気は、悪しき諸力によって勝手気ままに引き起こされるという考え方である。

しかし、病気の原因が律法の規範への違反にあるにしても、邪悪な諸力によるにしても、神が全能の存在であるかぎり、神の容認がなければ起こり得ない。結局は、どのような病気であろうと、神の容認がその人が病気になるということを決定づける。そのことは、神が容認することになる何らかの要因が、病気をしている当人にあるからであるということになる。すなわち、結局、罪に対する神の裁きとしての病気という考え方に行き着くということになるであろう。

われわれが心に留めておくべきことは、旧約聖書の人間はある種の災いを特に恐れていたということである。その中には次のものがある。伝染性皮膚病(レプラ、民一二・一二―一六、王下七・三、歴下二六・一九―二一)、腺ペスト(サム上五・六―九、サム下二四・一一―一五)、結核と種々の熱病(申二八・二二、詩九一・五以下)、天然痘(出九・八―一二)、それから若干の精神病

（サム上一九・八、ダニ四・二六―三〇）。これらは全くの神の処罰（あるいは、異常な天罰）として見られていたようだ。伝染性皮膚病とある種の精神的破滅状態にある者は、そのうえ人間のあらゆる共同体から排除されたのである（レビ一三・四五以下、ダニ四・二九）（E・S・ゲルステンベルガー、W・シュラーゲ著、前掲書、四八頁）。

旧約時代の人々は、現代人より病気に対する知識が格段に少ない分、病気を不可解なものとして現代人に比較にならないほど恐れていた。不可解であるがゆえに、理解を超えたものとして、最終的に神の裁きに結びつけられたのであろうと考えられる。しかし、病気の原因を当人の罪への神の裁きにあると還元してしまって良いのであろうか。旧約聖書の考え方からは、実際に癒されない疫病を患った者への救いがなくなってしまう。また、病気の社会性を全く考慮しないことにもなるであろう。

地下鉄サリン事件の実行犯として、無期懲役の判決を受けた林郁夫が、『オウムと私』（文藝春秋社、一九九八年）の中で、オウムに惹かれていったことになった、自分の宗教観を語っているところがある。「私は、本来の仏教とは、そのような実際をもつもの、すなわち自分自身で変化したとわかる具体性のある教えだと認識していたのです」（四四頁）。林は、宗教に自分が解脱することのできる具体性のある「修行方法」を求めていた。そして、超能力が身につくことが解脱の過程にある具体性のあらわれであると考えた。そのような宗教観から、阿含宗（管長桐山靖雄）、そしてオウム真理教に関わっていった様子を述べている。そして、「最終解脱者」としての麻原に、解脱への道筋を教示してもらい、解脱したいと願うようになったと言う。

さらに、林は医者として治療に関わった経験から、現代医療の限界を知ったことにより、病気への根本的な癒しに強い関心を持っていた、そして、病気に対する「根本的」な理解、「根本的」な治療の可能性をオウムの教えに求めていったのだと言う。林は言う。「〔オウムには〕医療方針を考える背景としては、仏教のカルマ（業）の考えと、ヨーガの『人体のエネルギーの理論』がありました。カルマの考えからは、病気というのはその人のカルマの現れであり、生き物の一生というのは、そのようなカルマを清算し、善行をなして功徳を積み、よりよい転生をしていくのだという、輪廻転生を踏まえた理解がありました。したがって、薬を飲むなど、治療を受けて治してもらうことは、自分の功徳をすり減らすと考えられていました」（前掲書、一二〇頁）。そのような考え方から、オウムでは麻原が患者に対して治療方針を決定していたと言う。カルマを落とすことが、病気の治療である。病気にかかるのは、本人のカルマが昇華されていないという、本人の霊的ステージの低さに原因があるという考え方である。結局、オウムの病気に対する考え方は、病気や不幸の原因は本人の「罪」にあるという考え方と異ならない。

多くの（おそらくすべての）新興宗教の基本的な教理に、「不幸の原因は、呪いや祟りである」ということがある。先祖の成仏できない、何らかの怨念のようなものが子孫への呪いや祟りとなる、それが不幸の原因であるというのである。そして、霊験あらたかな教祖の力にあずかって、呪いや祟りを浄めてもらうことが不幸から救われる道である、そのために高額のお布施が必要となる、高額であればあるほど功徳を積むことになり、効果が大きい。しばしば、高額のお布施をした被害者が教祖に訴訟を起こしたという事件が、マスコミを賑やかす。

私たちは苦しむとき、その原因を探る。そして、苦しみを意味づけてなんとか納得したいという強く思う。私になぜこんなことが起こるのか。そして、その問いに対する何らかの答えを、身近な宗教が提供してくれる。しかも、教祖がカリスマ的な存在で、断定的に言われると、納得できなくても、受け入れて、何とか納得できるようになりたいと修行に打ち込み、のめり込んでいってしまう。オウム真理教も巧妙なそのような宗教の一つであった。林の体験はそのことを物語っている。

苦しみの偶然性、不可解性

苦しみが耐え得るものであるなら、自分を見失うことなく、受け止めることができるであろう。しかし、私たちには苦しみを耐えることのできる限界点がある。限界点を超えた苦しみは、苦しむ人を徹底した孤独に追い込み、絶望感に陥れる。そのような時、人は「なぜ、このような苦しみが私を襲うのか？」と問う。限界点を超すような苦しみは、「なぜ、私なのか？」という問いに至らしめる。「納得がいく答えを得ることができれば、どのような苦しみであっても耐えることができる」と考えるからである。ニーチェも、「人は生きる理由が分かるなら、どんな責め苦にも耐えることができる」と言う。

苦しみの社会性は、だれにでも同じような苦しみを経験させられる可能性があることを、人々に受け止めさせることになるのであろうか。苦しみの社会性から、一般論として、何も特別なことではなく、誰にでも起こりうることであるのだ、と苦しみについて考えることはできるであろう。しかし、

「なぜ、私なのか？」という問いは残る。私を襲う苦しみの偶然性は受け止められない。「なぜ、他の人ではなく私なのか」、苦しみの不条理は偶然性にある。

不幸は何よりも無名なもので、とらえた人々から人格を奪って、その人々を物にしてしまう。……不幸の中に偶然が含まれていなければ、不幸はそういう力を持たないことだろう（シモーヌ・ヴェーユ、前掲書、八七頁）。

不幸の本質に偶然性がある。それゆえ不可解であり、説明ができないということである。説明ができるのであれば、苦しみが耐え得ない苦しみでなくなる。苦しみの偶然性が、苦しみを耐え得ないものにする。

しかし、やはり苦しみの悲惨さが限度を超えたものがある、ということも言わなければならない。納得のいかない悲惨な苦しみが存在する。このような苦しみが自分を襲うことを認めることができないし、このような悲惨な苦しみが存在すること自体を認めることができない、というようなことがあると言わなければならない。

エリ・ヴィーゼルは、一〇代でアウシュビッツ収容所送りとなり、そこで父、母、妹を亡くした。解放された後、その体験をもとに自伝小説『夜』を書いた。一九八六年にノーベル平和賞を受賞している。小説の中で、アウシュビッツでの恐ろしい体験を、そして苦しみのもたらす絶望を描いている。

この夜のことを、私の人生をば、七重に門をかけた長い一夜に変えてしまった、収容所でのこの最初の夜のことを、けっして私は忘れないであろう。

この煙のことを、けっして私は忘れないであろう。

子どもたちの身体が、押し黙った蒼穹のもとで、渦巻きに転形して立ちのぼってゆくのを私は見たのであったが、その子どもたちの幾つもの小さな顔のことを、けっして私は忘れないであろう。

私の〈信仰〉を永久に焼き尽くしてしまったこれらの焔のことを、けっして私は忘れないであろう（エリ・ヴィーゼル『夜』村上光彦訳、みすず書房、一九九一年、六三頁）。


ヴィーゼルの住んでいた町のユダヤ人が皆、ゲットーに強制移住させられた。財産をすべて奪われ、そこで非人間的な扱いを受けた後、家畜列車でアウシュビッツに移送された。その途中で、三分の一の人たちが死に、やっとの思いでビルケナウに到着した。その時、ヴィーゼルは高い煙突から焔と黒煙が立ちのぼっているのを見た。人間の焼かれる臭いを初めて嗅いだ。幼児たちが焼却炉に投げ込まれていた。「私はそれを見た」。この体験は、ヴィーゼルにとって「神の死の体験」であったと語っている。

ドストエフスキーは、『カラマーゾフの兄弟』の中で、イワンが「大審問官」という叙事詩をアリョーシャに語りだす前に、神への非難の理由を語っているところがある。その根拠はこの世界の不条理にあるとしている。

「……結局のところ、俺はこの神の世界を認めないんだ。それ〔神〕が存在することは知っているものの、まったく許せないんだ。俺が認めないのは神じゃないんだよ、そこのところを理解してくれ。俺は神の創った世界、神の世界なるものを認めないのだし、認めることに同意できないのだ。……」（『カラマーゾフの兄弟（上）』原卓也訳　新潮文庫、二〇〇四年、五九一―五九二頁）。

イワンは、神の創造の業なるこの世界を認めない根拠に、いたいけな幼い子どもたちの苦しみの悲惨な例をあげる。罪のない幼い子どもたちの理不尽な苦しみが構成要素となっている、この世界を認め、許す訳にいかない、と言う。「〔そう考えることで〕たとえ俺が間違っているとしても、報復できぬ苦しみと、癒されぬ憤りとをいだきつづけているほうが、よっぽどましだ」（六一七頁）と、神への不信を表明する（イワンは、神の存在を否定していない）。

現実に起こっている苦しみは合理的に説明することなどできない、不可解なものである。しかし、そのままでは居心地が悪く、心が乱されるので、なんらかの説明を試みる。そして、無理やりにでも納得しようとする。そのためにさまざまな答えが捻出され、提供される。イワンは、そのようなまことしやかな説明をいっさい拒否する。現実の苦しみの不合理な悲惨さを合理化するような説明をいっさい拒否する。イワンの態度は、そのような苦しみを容認している神への不信の表明であり、神を拒絶していることを意味している（アリョーシャは「神への反逆」であると言っている）。

それでも、神を仰ぐ

耐え得ることの限界点を超えた苦しみは、「神は、なぜこのような苦しみを容認しておられるのか」という問いに至る。その問いは、神への不信に至らしめる。神が存在するのであれば、なぜこのような不合理な理不尽な苦しみが存在するのか。

人生の大きな謎は苦しみではなくて、不幸である。罪のない人が殺されたり、虐待されたり、追放されたり、収容所や独房で悲惨な生活や奴隷状態に落とされたりすることは驚くにあたらない。そういうことをするような犯罪者がいるからだ。病気によって、生命が麻痺して死のかたどりをつくり出すような長い苦痛があることも、驚くにあたらないことだ。なぜなら自然性は機械的な必然の盲目のはたらきに従うからだ。けれども不幸が罪のない人の魂そのものをとらえて、至高の支配者として魂をつかんでいるように、神が不幸に力をあたえたということは、驚くべきことだ。

不幸はしばらく神を不在にする。死人よりも不在であり、真暗な独房の光よりも不在である。一種の恐怖が魂全体を浸す。この不在の間には、愛すべきものはない。恐ろしいのは、愛すべきものがないこの闇の中で、魂が愛することを止めると、神の不在が決定的になることだ。たとえ魂の無限に小さな部分でも、むなしく愛すること、あるいは愛そうと欲することをつづけなければならない。そうすれば、ヨブの場合のように、いつか神はその魂に御自身をあらわして、世界の美しさを示してくださるだろう。けれども魂が愛することを止めれば、この世にありながらほとんど地獄に等しいところに落ち込むことになる（シモーヌ・ヴェーユ、前掲書、八四頁）。

苦しみの不条理な不可解性は、苦しみを経験している者を徹底的に孤独に追い込み、絶望に至らしめる。そして、苦しみがその人にとって耐え得る限界点を超えるものであれば、それはクリスチャンであっても、神への不信に至らしめる可能性を持っている。苦しみの暗闇が、神を見えなくしてしまう。まさしく、神の不在を経験する。そのような時、私たちの側で神に背を向け、魂を閉ざしてしまうと、絶望が決定的になってしまう。しかし、それでも神は私たちに心を閉ざす、すなわち「愛することを止めないこと」を求める。

神の慈愛と峻厳とを見よ。
神の峻厳は倒れた者たちに向けられ、
神の慈愛は、もしあなたがその慈愛にとどまっているなら、
あなたに向けられる（ロマ一一・二二、口語訳）。

神の慈愛を受けるには、神の慈愛を信じ、どこまでもそこに留まることが求められる。私たちは魂を閉ざしてはならない、神を信じ、どこまでも神に望みをかけることを止めてはいけないのである。ヨブのように、神を糾弾し、神に抗議の叫びをあげることもゆるされるであろう。ヨブは苦しみに耐え得ず、自分の存在を呪い、怒り、悲しみ、疑い、失望を神にぶつけた。ヨブの経験している苦し

みへの友人たちのまことしやかな説明を、ヨブは一切拒否した。しかし、ヨブは神に向かい抗議の声をあげ続けた。どこまでも神に望みを置き、神が応えてくれることを訴え続けた。ヨブは神に心を閉ざすことをしなかった。ヨブは、どこまでも「希望するすべもなかったときに、なおも望みを抱いて、信じ」(ロマ四・一八)た。限界点を超えた苦しみは、神の不在をもたらす。どんなに不条理で、理不尽であっても、神の不在が決定的にならないために、私たちの側からは神を仰ぐことを止めてはならないのである。果たして、私たちに可能であろうか。

キリストの苦難

ヴィーゼルやイワンの告発に答えるものを、私たちは持っていない。苦しみの偶然性、不可解性の問題は、説明が不可能である。それでも、苦しみのただ中で、孤独と絶望に捕らえられても、神に心を閉ざさないで、なお神を仰ぎつづけるのか、それともそうしないのか、という分岐点に立たされることになる。

ドストエフスキーは、小説(『カラマーゾフの兄弟』)の中で、キリストが「大審問官」の抗議に何も語らず、口づけしたように、アリョーシャに何も語らせず、そっとイワンに口づけをさせている。また、フランスのノーベル賞作家のモーリヤックは、ヴィーゼルと最初に会った時のことを、ヴィーゼルの自伝的小説『夜』の序文に次のように寄せている。「……あの磔刑に処せられたお方のことを、私は彼に話したであろうか。……また、十字架と人間の苦悩との一致こそは、私の目から見るとき、彼が幼な心に抱いていた信仰が没し去ってしまった、ある測り知れぬほど底深い不可思議を開くための鍵であることには変わりないのだと、私は彼に断言したであろうか。……」と、しかし、できたのは「ただ涙しながら彼を抱擁することだけであった」(一一頁)と。

モーリヤックはヴィーゼルの苦悩を思いはかったとき、語ることを躊躇したが、キリストの苦悩に私たちの苦悩との「一致」に目を向けること、そこに救いの鍵があると言う。苦しみの不条理を経験し、慰めの言葉を拒んでいる人に対し、私たちにできることは何もないであろう。ただ、キリストの十字架を示すだけである。

イエスは十字架の苦しみから免れることを、血の汗を流し、もだえながら、神に祈られた(マコ一四・三六)。しかし、捕らえられ、大祭司、ヘロデ、ピラトの審問ののち、無罪であるにもかかわらず、まず「三九の鞭打ち」を受けた。四〇回打たれると死んでしまうという過酷な鞭打ちの刑であった。鞭打たれた惨めな姿を群集にさらしながら、十字架を担いでゴルゴダの丘に向かった。鞭打たれたイエスは既に瀕死の状態であったので、幾度となく転んだ。二人の強盗と共に十字架に釘づけられ、十字架刑に処せられた。十字架刑の苦しみの中で、「エリ、エリ、レマ、サバクタニ(わが神、わが神、なぜわたしをお見捨てになったのですか)」と叫ばれた(マタ二七・四六)。イエスは、神から見捨てられ、「呪われた」者として死んでいった(ガラ三・一三)。イエスはまったく不条理な苦しみを経験された。

シモーヌ・ヴェーユは、キリストの十字架は神の完全な不在の出来事であると言う。イエスはどこまでも神を仰ぐ姿勢を貫いた。しかし、神の側でイエスを見捨てられた。これ以上の不合理は存在しない。神の不在の、これ以上確かな徹底したあり様を見ることはできない。神の臨在と神の完全な不在のキリストの十字架との間には、無限の隔たりが存在する。どのような出来事でも、どのような不条理な苦しみであっても、神とキリストの十字架との間に位置する。

孤独と絶望の苦しみの中で、神への不信が頭をもたげ、神の不在を経験させられても、それでも神を仰ぐことを止めないのは、キリストの十字架の苦しみに、私たちの苦しみとの、モーリヤックのいう「苦悩の一致」を見るからである。キリストの十字架は、不条理な苦しみのただ中にある者に、なお神を仰ぐところに身を置くことをさせる。キリスト者にとって、キリストの十字架は救いのための贖いの御業であるが、不条理な苦しみの中にいる者に慰めと励ましとを与える。

中風の人の場合

数日後、イエスが再びカファルナウムに来られると、家におられることが知れ渡り、大勢の人が集まったので、戸口の辺りまですきまもないほどになった。イエスが御言葉を語っておられると、四人の男が中風の人を運んで来た。しかし、群集に阻まれて、イエスのもとに連れて行くことができなかったので、イエスがおられる辺りの屋根をはがして穴をあけ、病人の寝ている床をつり降ろした。イエスはその人たちの信仰を見て、中風の人に、「子よ、あなたの罪は赦される」と言われた。ところが、そこに律法学者が数人座っていて、心の中であれこれと考えた。「この人は、なぜこういうことを口にするのか。神を冒瀆している。神おひとりのほかに、いったいだれが、罪を赦すことができるだろうか」。イエスは、彼らが心の中で考えていることを、御自分の霊の力ですぐに知って言われた。「なぜ、そんな考えを心に抱くのか。中風の人に『あなたの罪は赦される』と言うのと、『起きて、床を担いで歩け』と言うのと、どちらが易しいか。人の子が地上で罪を赦す権威を持っていることを知らせよう」。そして、中風の人に言われた。「わたしはあなたに言う。起き上がり、床を担いで家に帰りなさい」。その人は起き上がり、すぐに床を担いで、皆の見ている前を出て行った。人々は皆驚き、「このようなことは、今まで見たことがない」と言って、神を賛美した（マコ二・一―一二）。

中風とは、脳内出血によって全身不随になる病気のことである。突然、今までの生活を中断させられ、寝たきりにさせられる。身体の自由を奪われ、話すこともままならない状態になってしまう。意識ははっきりしている、自分のことや周りの状況は理解できる。しかし、しゃべることができず、自分の意志を伝えることができない。そんな中風の人に同情した友人たちが、イエスに癒してもらおうと連れてきた。友人たちは、家には人が大勢集まっており、中に入れないので屋上に上り、イエスのおられる辺りの屋根をはがし、イエスの目の前に中風の人をつり降ろした。

イエスは、中風の男に「子よ、あなたの罪は赦される」という言葉をかけた。その場に居合わせた律法学者たちは心の中で、「この人は神を冒瀆している」と非難した。当時のユダヤの人々の考え方は、「不幸や災難（病気も）は、その人かその先祖の罪が原因になっている」（ヨハ九・二参照）というものであった。すなわち、この人の中風の病気はこの人の罪が原因している、と考えられていた。イエスに本当に罪を赦すことができたならば、この人は中風の病気が治っていなければならない。ところが、中風の病気が治っていないことは、イエスは罪を赦すことができないことを示す。イエスはうそを言ったことになる。しかも、罪を赦すことのできるのは神以外にはおられない。それなのに、神の領域に踏み込むような言葉を口にした、まさしく神を冒瀆している、というわけである。

病気が治ることを願って連れて来られた中風の人に、イエスは、なぜそのような言葉をかけられたのであろうか。中風の病気になった人も当時の考え方に縛られていた。このような状態になったのは自分の罪のゆえであると考え、信心深い者であればあるほど、自らの罪の赦しを切実に求めていたと想像できる。そのような中風の人の思いを読み取られて、イエスは中風の人の罪の赦しを宣告されたのである。

さらに、イエスは律法学者たちに対して「『あなたの罪は赦される』と言うのと、『起きて、床を担いで歩け』と言うのと、どちらが易しいか。人の子が地上で罪を赦す権威を持っていることを知らせよう」と言い、中風の人をあえて癒された。この行為は二つの重大な意味を説いている。まず、イエスには罪を赦す権威があるということである。そして、この人の中風の病気とこの人の罪は無関係であるという画期的な思想を説き、そのことを事実として示して教えられた。

さて、イエスは通りすがりに、生まれつき目の見えない人を見かけられた。弟子たちがイエスに尋ねた。「ラビ、この人が生まれつき目が見えないのは、だれが罪を犯したからですか。本人ですか。それとも、両親ですか」。イエスはお答えになった。「本人が罪を犯したからでも、両親が罪を犯したからでもない。神の業がこの人に現れるためである」（ヨハ九・一―三）。

この世には苦しみが存在する。苦しみの原因を探る態度には、どうしようもないと諦める理由を捜す思いが働いていていないか。どの程度自覚しているか分からないが、積極的に生きることを断念している態度がある。ふがいなく生きている自分を正当化する態度があると言えないか、と思う。

しかし、イエスはその原因を探ることに無関心であるという態度を示される。苦しみを受け止め、どのように生きるかに目を向ける。物事を見つめる視点の方向を転換している。苦しみに積極的な意義を与えられる。苦しんでいる人を神は慈しんでおられる。苦しんでいる人に神の憐れみが豊かに注がれ、苦しんでいる人を通して神の恵みが現されることになる。苦しみに積極的な意義を付与しておられる。

限界点を超えるような苦しみを経験させられたとき、孤独と絶望のただ中に投げ出される。とても納得できるものではない。不条理な苦しみは、それを課している神への不信を生み出す。その結果、神を見失い、神の不在を経験することになる。そのとき、神に心を閉ざすのか、あるいは、なおも神を仰ぐのかの分岐点に立たされる。

イエスは神への信頼の姿勢を最後まで貫き通された。イエスの十字架上での最後の言葉は、「父よ、わたしの霊を御手にゆだねます」であった（ルカ二三・四六）。これは、当時、幼い子供たちが就寝前に、神の守りに自分を委ねる、神への信頼の祈りであった。最後に、そのような祈りの言葉を口にすることを通して、イエスは最後まで神に信頼していた姿勢を示した。

あなたがたが召されたのはこのためです。というのは、キリストもあなたがたのために苦しみを受け、その足跡に続くようにと、模範を残されたからです（一ペト二・二一）。

決して、神に心を閉ざしてはならない。自分から神に心を閉ざすとき、神の不在を決定的にしてしまう。どこまでも、信仰に留まることが求められている。信仰の本質は、理性的な判断を超えた「賭け」としての決断であると、パスカルが言っている。合理的な説明が得られず、理性的に理解することができなくても、神を信じることが信仰である。キリストの模範が私たちに与えられている。

信仰がなければ、神に喜ばれることはできません。神に近づく者は、神が存在しておられること、また、神は御自身を求める者たちに報いてくださる方であることを、信じていなければならないからです（ヘブ一一・六）。

苦しみを経験させられるごとに、この分岐点に立たされることになる。その都度、神を仰ぐ信仰に身を置き、神を信じることを繰り返されることになる。

最後に、筆者が左腎臓に悪性腫瘍ができており、左腎臓の摘出手術が必要であると医師から宣告され、手術前日の夜に書いた詩を紹介させていただきたい。

主よ、わたしをあわれんでください

苦しみと迷いのただ中にいます
人のどのような言葉も慰めになりません
むしろ、気持ちをいらだたせ
苦しみと悩みを逆なでするだけです

主よ、わたしをあわれんでください
今までのわたしの罪をお赦しください
あなたはわたしたちの罪にしたがって
報いることをしないと言われました
この苦しみは御旨であると確信させてください

主よ、わたしをあわれんでください
虚無の暗闇が深く、光が見えません
まったく一人で立ち尽くしています
疑い、不信であなたに背を向けてしまい
暴虐の言葉を口にすることがありませんように

主よ、わたしをあわれんでください

暗闇が晴れず、御旨が理解できないまま
たとえ、このまま死に至ることになっても
あなたへの信仰に留まり続けさせてください
主の十字架上での最後の言葉を
わたしも口にすることができますように

5　ニコデモの場合
――死の受容の問題

人生には意味があるのかとの問いは、死をどう考えるかということと無関係ではない。人生を終決させられる時が来る。その時、自らの人生にどのような思いを抱くのか、死ぬということを受け入れることができるのか。

「死んでしまえばすべてが無に帰する」のであれば、人生に意味など存在しないと考えることに一理あるであろう。人生の意味を問うことと死生観は密接に関係している。死を直視することと人生の意味を問うことは不可分である。

しかし、死への恐れや不安は死を避けたいものと考えさせ、死の不条理と不可解は死を考えさせないように、死から目をそらすように私たちに作用する。その結果、パスカルの言う「気晴らし」、キルケゴールの言う「自己疎外」、ハイデッカーの言う「頽落」ということの事態が生じる。

わたしの見るところ、人々がアクセスできる情報の量と幅が大きくなりすぎて、昔のように無難な人生論で根源的な問いを棚上げ、あるいは「処理済み」にしにくくなったためであろう。だから、その問いの前で立ちすくまなくて済む人々とは、単に他の騒々しい何か（たとえば娯楽や金儲けなど）で紛れている人々だけなのである（頼藤和寛『人みな骨になるならば』時事通信社、二〇〇〇年、七―八頁）。

死から目をそらさず、死と向き合い、人生の意味について考えたい。死の受容の問題、死に脅かされない人生の意味を問うことは可能なのか考察したい。キリスト教では、「永遠の生命」という問題になる。

死を忘れるな

さて、哲学の最大問題は「死」であると、中島義道は言う。

あらゆる哲学の問いは、ハイデガーをまつまでもなく最終的にはこの「死ぬ」という問題、しかも死一般ではなく、まもなく「自分が」死ぬというこのさし迫った問いに収斂《しゅうれん》すると言えるかも知れません（『哲学の教科書』講談社、一九九八年、一四―一五頁）。

死に関心を示さない態度は欺瞞的であると言う。

環境問題が今やさかんです。「緑の地球を子孫に伝えよう！」というスローガン自体に反対ではないのですが、これは「もうじき私が死ぬ」という大問題を覆い隠してしまう麻酔のような作用をもっている。二十一世紀後半、二十二世紀に地球が緑に包まれているとしても、私にとって何の意味があるでしょうか。いや、そのころは私の子供や孫も生きているかもしれませんが、ではその後一万年たって地球に人類がいたとしてもいないとしても、何の意味があるでしょうか。さらに百万年後一億年後に、この宇宙に人類が生存したほうがよいのでしょうか。完全に消滅してしまったら何か困ることでもあるのでしょうか。

タイムカプセルを作り、五千年後に開けるときの情景を思うと「胸がおどる」と言っていた科学者の心理が、私にはどうにも理解できません。あるいは、先日テレビで二十二世紀には人類は太陽系を自由に往き来できるであろう、ということを聴いて、「夢は果てしなく、わくわくしますね」と眼を輝かせて語っていたアナウンサーは――職業的発言を差し引けば――私にはまともな感覚をもっているとは思われない。自分が死んだ後の世界、そこには自分が一滴もいないのだということの恐ろしさを直視しない、鈍感で欺瞞的な発言だと思います（中島義道、前掲書、一七頁）。

また、頼藤和寛は個人の死を超えた社会や人間集団の存続に、あるいは地球や銀河の永続性に、さらには死後の世界に慰めを見出そうとすることへの欺瞞を指摘する。

人々は……、次に会社や組織、あるいは宗派や国家などが永遠である、あるいは地球や銀河が永遠であると思いなして自らを慰めるようである。それが怪しいとなると、死後の霊魂が不滅であると信じて心を安んじようとする。しかし、現代科学は永遠に不滅なものを何一つとして発見していない。素粒子や空間といったものですら不滅ではないらしい。数百億年の未来に何が残っているというのか。日本はおろか地球も太陽も雲散霧消しているはずである。

こうした認識の覚悟を土台にしていないあらゆる言説は、単なる希望的観測でありセンチメンタリズムである。そんなものは全て無視してよい。問題は、「われわれは骸骨であり、人類は必滅であり、あらゆる歴史も天文学的には瞬時である」という虚無的な認識の土台の上に、いかほど建設的な言説が可能か、である（頼藤和寛、前掲書、一一一―一一二頁）。

宇宙の時間の長さから考えた時、どのような死生観も無意味であり、気休めに過ぎないと言う。こう言い切ってしまうと、人生は無意味であるということになるであろうか。そう結論づける前に、「死」を考察してみたい。

死ぬとはどういうことなのか

人間の細胞は常に死んでいる。血液細胞、皮膚細胞、腸の内表面細胞、すべてがはがれるか、劣化して死ぬ。白血球細胞は数日生きているだけであり、毎日、皮膚や腸から何百万もの細胞が死んでいる。なくした細胞を補充し、保つために新たな細胞がつくられている。細胞の死は日常的に起きている。

しかし、それは私が生きていくために、細胞が新しく交代しているのであって、個体が「死ぬ」ということとは異なる。「私という存在」がなくなることとは根本的に異なる。生命とは不断の変化の過程である。一個の生命体内においてそうであるが、世代間の生命の流れということにおいてもそうである。すべての生き物は子孫をつくり繁殖していく。世代交代があり、子孫があとを受け継いでいく。子孫に後を譲り、老いて死んでいくのは自然なことである。「死」とは自然なことであって、特別なことではないという。

老化の原因にはいろいろ考えられている。老化には疑いなく遺伝子が結びついているという。遺伝子にプログラムされているのである。老化し、死んでいくのはプログラム通りなのである。

正常な人々の場合、常に、遺伝機構（遺伝子のＤＮＡ）は自然放射線あるいは細胞分裂時の遺伝子の写し間違いによって損傷（突然変異）を受けている。一個の細胞のＤＮＡでも毎日無数の小さな損傷を受けるが、身体はコピーするときその打撃あるいはエラーを修復する。けれども老人の場合、修復機構の力が弱く、免疫関係の損傷が蓄積し（この理論によれば）、その結果、遺伝子によって見事にバランスの取れた細胞の制御が妨げられる。ほとんどの突然変異は有害であり、身体の重要な器官に起こる突然変異（体細胞突然変異）は細胞の機能不全を起こすことがあり得る。遺伝子が誤作動をするもう一つの道筋は、すでに存在する有害な遺伝子が年齢を増すと共に活動し始める場合である。活動が遅れるこうした遺伝子は、若い頃には抑えられているかそれとも活動的でないかのどちらかである。……悪い遺伝子が欠陥のある蛋白質を作り、これらが細胞の機能不全の原因になるというのである（セドリック・ミムス『人が死ぬとき』中島健訳、青土社、二〇〇一年、一一七頁）。

現在、私たちの寿命を支配しているのは遺伝子であることが解明されている。人間はやがて死ぬように遺伝子にプログラムされている。死はすべての人に平等に訪れる。しかも、それは自然なことなのであって、受容すべきことに過ぎない。「死の受容」などと言って、苦悩し、葛藤するようなことではないと、現代科学の生命観からは言えるのかも知れない。

しかし、そう言われても、死への不安や恐れはなくならない。私という存在がなくなることへの恐れや不安、すなわち「死の受容」の問題はなくならない。

死後の世界

私にとっての死（「第一人称の死」）の問題とは、私（自分）という存在がなくなってしまうのかということである。死んだ後に、私という存在が残るのか、すべてが無に帰するのかということである。

立花隆は、『臨死体験（下）』（文藝春秋社、一九九四年）の最終章で、臨死体験の解釈について、自らの考えを述べている。臨死体験という現象の解釈に二つの考え方がある。脳内現象説と現実体験説がある。呼吸が止まり酸素欠乏状態の脳が活発に活動して幻想を見ているに過ぎないという説と死後の世界を体験しているという説である。

先に両説を比較して、どちらの説がより合理的かを論じたところで、脳内現象説の肩を持つ形で終っていたが、実はここに述べたように、脳内現象説には、現実の脳研究から、脳と自己意識の問題がさっぱり解明されないという大きなウィーク・ポイントがあるのである。だから、脳内現象説といいながら、実際にやっていることは、現実体験説を反駁することがもっぱらで、自ら臨死体験を起こす脳のメカニズムをきちんと解明しているわけではないのである。前章で述べたようなモデル提示の試みが若干行われている程度である。

そういうわけで、私も基本的には脳内現象説が正しいだろうと思っているものの、もしかしたら現実体験説が正しいのかもしれないと、そちらの説にも心を閉ざさずにいる（立花隆、前掲書、四二四―四二五頁）。

野村進は、「痛み問題」ということで、物理的な刺激が「痛い」という主観的な感覚を持つこととの間のギャップをどう結びつけることができるのかという問題の、現代の脳科学の急速な進展にもかかわらず、解明の不可能性を紹介している（『脳を知りたい！』新潮社、二〇〇一年）。「脳と心」の関係も同じで、その間に結びつくものが本当にあるのかさえ分からない現状であると言っている。

ペンフィールドは脳の機能地図を作り上げたカナダの脳外科医、エックルスはノーベル生理学医学賞を受けたオーストラリアの神経生理学者である。……つまり、脳の研究者なら誰一人知らぬ者はいない二人の権威が、そろいもそろって、意識のようなものは脳の神経作用からでは説明できないと主張しているのである。脳と意識はそれぞれ独立して、別々に働くというのだから、二人の見方は〝二元論〟と言ってよい（野村進、前掲書、二〇九頁）。

心は存在する（魂や意識と言ってもよい）。心が脳細胞の活動の所産であると断言できない。それは脳細胞が死ぬことによって、心が消滅してしまうと断言できないということである。心は死んだ後にも存在するのか。この問いに対する明確な解答が存在しないことになる。ちなみに、エックルスは、「各自の魂は神の新しい創造によるもので、受胎と生誕とのあいだのどこかの時点で胎児に植えつけられる」（野村進、前掲書、二〇九頁）という見解を表明しているという。

古代には時間の使い方にきわめてすぐれた人々がいた。彼らは死にのぞんでさえ死をなめ味わおうと試み、心を張りつめてこの生から死への推移がどんなものであるかを見とどけようとした。けれども彼らは、ついにその報告をするために戻っては来なかったのである（モンテーニュ『随想録（上）』関根秀雄訳、新潮社、一九七四年、四一六頁）。

死後に、私という存在（心）が存在するか否かということを断定できるものを、私たちは持っていない。ベルグソンは、『物質と記憶』において、人間の死後、心が残ることを言及している。

死の受容の仕方

死の受容の仕方は、死をどのように考えるのかということと密接に結びついている。

生命の連鎖という見方

絵本『葉っぱのフレディ』（レオ・パスカーリア著、みらいなな訳、童話屋、一九九八年）が話題になったことがある。死を受け入れる考えが表現されていると言える。その内容が日本人の好みに合うのでベストセラーになった。俳優の森繁久弥はこの絵本に共感し、朗読に吹き込んだ。自分の息子の死とやがて訪れる自分の死について目を開いてくれたと言う。

春に生まれた一枚の葉が、秋の紅葉を経て、冬の季節に散っていくという物語が擬人的に描かれている。そのハイライトは、フレディという名の葉が仲間の葉が散っていくのを見て、死の恐怖にとらわれた時、先輩格の葉が「死ぬことは変化の一つにすぎない」と教える場面である。先輩格の葉が、「まだ経験したことがないことは、こわいと思うものだ。でも考えてごらん。世界は変化しつづけているんだ。変化しないものは　ひとつもないんだよ。……きみは、春が夏になるとき　こわかったかい？　緑から紅葉するとき　こわくなかったろう？　ぼくたちも変化しつづけているんだ。死ぬとい

う こ と も　変わることの一つなのだよ」と教える。死を目前にして、葉っぱのフレディは、さらに先輩格の葉に聞く。自分の生涯は意味があったのだろうか、と。すると先輩格の葉は、人間のために木陰をつくったこと、紅葉になってみんなの目を楽しませたことなどをあげ、十分に意義のあったことを教える。そして、葉っぱのフレディが散り、地面に落ちたとき、木の全体をはじめて見ることができ、この木はいつまでも生きつづけるに違いないと確信する。そして、作者は、木は滅びても「いのち」は永遠であり、「大自然の設計図は　寸分の狂いもなく〝いのち〟を変化させつづけている」と結んでいる。

大自然の生命の連鎖に自分の生命の意義を見出し、私がその一部であるということに安心を得るという死生観である。阿満利麿は、宮沢賢治の童話「うずのしゅげ」にも見られる「自然のなかに融解する自己」という日本人の死生観に通じていると言う（『人はなぜ宗教を必要とするのか』ちくま新書、一九九九年、一二四頁）。

現代科学に基づく不死の信仰の可能性

また、現代科学が解明した遺伝子に着目し、すなわち自分の遺伝子は決して死なず、受け継がれていくのであるということに着目し、不死の信仰の可能性を考え、自分の死を受容する主張がなされた。梅原猛が、朝日新聞の夕刊に興味深い文章を載せた。

ほとんどの人類の宗教は死後に行くあの世を説く。キリスト教の神の国、仏教の極楽浄土など、すべて絶対の無である死の運命に堪えられない人間の弱さから生まれた幻想にすぎない。私は戦後約十年、このような無神論者であった。そのころの私であったら諸君に言うであろう。死の背後には何もない。イエス様やお釈迦様の言うことはすべて嘘だ。そんなものに騙されず、この限りある人生を精一杯生きよ。

しかし、今は違う。その後四十年の人生を生きた私は宗教の説くあの世に前よりはるかに寛容になった。ドストエフスキーが言うように、あの世を信じる宗教がなかったなら文明というものもなかったであろう。私は、幻想かもしれないあの世を仮想することによって、文明を創造してきた人類の歴史を前より好意的にみることができるようになった。

それればかりではない。私は今、現代科学にもとづく一種の不死を信じようとしている。それは遺伝子の不死ということである。個体の生命は死後、無に帰するかもしれない。しかし、遺伝子から人間をみるとき、個体は死んでも遺伝子は無に帰するものではない。

今われわれが生きているのは永遠といってもよい長い生命の発展の歴史であり、その生命発展の歴史がわれわれの生命の中に遺伝子として集約されているのである。そしてわれわれが子孫をもつことができるとすれば、この遺伝子は未来にほとんど永遠という長い歴史を持つであろう。そのように考えると、われわれの生命には過去と未来の二つの永遠が凝縮されているといえる。このような遺伝子の不死は現代科学が明らかにした事実であるが、多くの宗教が説いた魂の不死なるものも、この遺伝子の不死という事実の多分に文学的な解釈であったのではなかろうか

（朝日新聞夕刊「人間にとって死とは何か」二〇〇一年八月一四日付）。

このように考えて、梅原猛は若き日の無神論を克服したと言う。死にし後に、自分の何かが残ることを、いかに納得したいかの例と言えるであろう。自分の人生には意味がある、死んでもすべてが無になるのではないと思いたい願望が、明らかに働いている。

しかし、こう考えることで、自分が無に帰さないと主張できるのか。自分の遺伝子は受け継がれていくということと、「私という存在」の存続ということは異なる。「私という存在」が無くならないということにはならない。

楽観的ニヒリズム

私という存在が無くなることを肯定的に受け止める死生観がある。池田晶子は、「死とは無になることである」のであって、そうであるのなら、死を恐れるということは無意味であると言う。その時（死んだ時）には、自分はもういないのである。恐れることなどできないと言う。

「死とは何か」の一般的な答えとしては、無になること。そこで納得する。しかし、ここも非常に大事なところなんですけれど、無というものは無いから無なわけです。無が在ったら無ではない。無は存在しない。存在しか存在しない。したがって、「死ぬということは無になることである」という言い方によって、そこで言われている無というものは無い、すなわち、死は無い、ということになります。にもかかわらず、なぜ無い死を在ると思って人は生きているのか。その視点を手に入れると、死が存在すると思って生きているこの世の光景が可笑しく見えてくる。無いものを在ると思ってるんですから。思い込みですね。世の中がすべて錯覚の上で動いている（池田晶子『あたりまえなことばかり』トランスビュー、二〇〇三年、一〇九―一一〇頁）。

死をまったくの無と考える立場に、古代ローマの哲学者ルクレチウスがいる。我々は生まれる前は「無」であり、その時は不幸でなかった。死ぬということは再び「無」に戻ることなのであって、少なくとも不幸ではないと言う。

しかし、こう言われても、安んじて死ぬことができるということにはならない。無であり続けるということと、無へ転じるということはまったく別のことである。私たちにとって死とは有から無への転換なのであって、「自分」がなくなることなのであり、そのことへの恐れなのである。

徹底したニヒリズム

頼藤和寛は、一切の感傷的な思い込みを退ける。広大、かつ悠久の宇宙から見たとき、あらゆる人間的な感傷は虚無に服すると言う。

あらゆる価値と意味は絶対のものなどではなく、道理や条理のたぐいが人間の社会でのみに通用する「サルのルール」にすぎないなら、われわれは驚くなかれ、天文学的のみならず価値的にも虚無の宇宙空間に漂っているだけの存在だったのだ。……

われわれの信じている価値や意味というのが涙や汗のようなものでしかないということでもある。われわれの肉体が涙や汗を分泌するように、われわれの精神と文化が価値や意味を分泌する。涙や汗がわれわれの生理にとって重要であるのと同様、価値や意味はわれわれの心理にとって重要であろう。そしてわれわれの涙や汗が宇宙において重要でないのと同様、われわれの価値や意味も宇宙において重要ではない。……（頼藤和寛、前掲書、一〇九―一一二頁）

要するに、われわれは無意味なのだ。われわれの存在も、われわれの意識も、われわれの業績も、われわれの歴史も無意味なのである（前掲書、一一二頁）。

頼藤は癌の病で五〇代で亡くなった。徹底したニヒリズムを自らの信条にして生きたといえるであろう。徹底したニヒリズムに立ちながら、人生への姿勢は前向きであった。「究極の課題は、われわれがあらゆる無用な繋縛を脱ぎ捨てて、自分のだけの人生を積み上げることである。それはたぶん海岸で砂の城を築くような児戯でしかないであろう。いずれ波がそれを浚っていき、後には元の砂浜が残るだけだろう。そのことが、なぜ悲しむべきことなのか。僅かな間ではあれ立派に砂の城を積み上げたのだ。この事実だけは、なにものも否定できない。神であろうと宇宙であろうと」（頼藤和寛、前掲書、二四〇頁）。

さらに、頼藤は神の存在について、「人間の願望や怖れや安心を裏書するような人間臭い代物でないとするならば、ほとんどその存在を信じているとさえ断言できる」（頼藤和寛、前掲書、一三九頁）と言っている。その真意は何なのか、興味を覚える。

宗教的自我

人間には、「聖なるものへの衝動」がある、またティリッヒの言う「究極的関心」なるものがある（P・ティリッヒ『文化の神学』茂洋訳、新教出版社、一九六九年、一四頁）。人間には有限な自己を超えた、無限の世界に対する本能的なあこがれがある。「聖なるものへの衝動」、「究極的関心」の主体は、「宗教的自我」なるものである。自意識の構図の中に、人生の意義を求め、自己を超えた存在をあこがれる宗教的自我がある。聖書は、「聖なるものへの衝動」を「永遠を求める思い」と表現している。

神のなさることは、すべて時にかなって美しい。
神はまた、人の心に永遠への思いを与えられた（伝道者の書三・一一、新改訳）。

そして、自分を超えた存在をあこがれる思いを、詩編の作者が以下のように表現している。

涸れた谷に鹿が水を求めるように
神よ、わたしの魂はあなたを求める。
神に、命の神に、わたしの魂は渇く（詩四二・二―三）。

人間には宗教的自我が存在する。それは、幻想ではなく事実である。永遠を求める思いは、永遠なる存在に向かう。私たちは、死後にも、自我なるものが存在するのかを断定できるものを持ってはいない。しかし、永遠を求めるという属性を持つ自我の死後の存在の可能性（永遠性）を考えてしまう。宗教は自我の死後の存在の可能性を前提にしている。

聖書から、ニコデモのイエスとの実存的出会いを取り上げ、死の受容の問題、死後の問題、「永遠の生命」について考察したい。

ニコデモの場合

聖書の記述は以下である。

さて、ファリサイ派に属する、ニコデモという人がいた。ユダヤ人たちの議員であった。ある夜、イエスのもとに来て言った。「ラビ、わたしどもは、あなたが神のもとから来られた教師であることを知っています。神が共におられるのでなければ、あなたのなさるようなしるしを、だれも行うことはできないからです」。イエスは答えて言われた。「はっきり言っておく。人は、新たに生まれなければ、神の国を見ることはできない」。ニコデモは言った。「年をとった者が、どうして生まれることができましょう。もう一度母親の胎内に入って生まれることができるでしょうか」。イエスはお答えになった。「はっきり言っておく。だれでも水と霊とによって生まれなければ、神の国に入ることはできない。肉から生まれたものは肉である。霊から生まれたものは霊である。『あなたがたは新たに生まれねばならない』とあなたに言ったことに、驚いてはならない。風は思いのままに吹く。あなたはその音を聞いても、それがどこから来て、どこへ行くかを知らない。霊から生まれた者も皆そのとおりである」。するとニコデモは、「どうして、そんなことがありえましょうか」と言った。イエスは答えて言われた。「あなたはイスラエルの教師でありながら、こんなことが分からないのか。はっきり言っておく。わたしたちは知っていることを語り、見たことを証ししているのに、あなたがたはわたしたちの証しを受け入れない。わたしが地上のことを話しても信じないとすれば、天上のことを話したところで、どうして信じるだろう。天から降ってきた者、すなわち人の子のほかには、天に上った者はだれもいない。そして、モーセが荒れ野で蛇を上げたように、人の子も上げられねばならない。それは、信じる者が皆、人の子によって永遠の生命を得るためである。

神は、その独り子をお与えになったほどに、世を愛された。独り子を信じる者が一人も滅びないで、永遠の命を得るためである」（ヨハ三・一―一六）。

ニコデモは、ファリサイ派に属し、サンヘドリン（ユダヤ社会の最高議会）の議員であった。ファリサイ派の人たちは、一般の人たちよりも宗教に熱心で、聖書知識に富む人たちであった。サンヘドリンの議員には、宗教的にも人々から認められていなければなれなかった。すなわち、ニコデモは人生経験が豊富で、宗教的にも熱心で、人々の模範となるような人物であったと考えられる。

ニコデモはヨハネの福音書にしばしば登場する。祭司長やファリサイ派の人たちが、人々を先導してイエスを捕らえさせようとした時、それをなだめたのがニコデモであった（ヨハ七・五〇）。さらに、十字架の死を遂げたイエスの身体を引き取り、埋葬しようとしたアリマタヤのヨセフを助けたのもニコデモであった（ヨハ一九・三九）。ニコデモは、イエスを「神のもとから来られた教師」であると認めていた。

そのニコデモが、「ある夜」イエスを訪ねて来た。イエスを「神のもとから来られた教師」と認めていたとしても、人々の偏見を克服して、イエスを訪ねることには、それなりの勇気や覚悟が必要であったであろう。「夜」という言葉を、単に昼間ではなく夜であった――人目を避けるのに夜が都合が良かった――という意だけでなく、ヨハネによる福音書に見られる「光と闇」、「昼と夜」のモチーフに結びつけて、ニコデモの霊的な暗さを表現しているという解釈もある。

ニコデモは、死の問題を抱えていたであろうと想像できる。ファリサイ派は、「死後の復活と来世の命を、人はおのおのそのなしたところによって、死にし後、神の報いと罰を受ける」と信じていた。ニコデモもそのような宗教的な理解を持っていたであろう。しかし、自分が死後、神の「救い」に入れられるという信仰的な確信を得ていないようである。それが、イエスを訪ねる動機であったのであろう。

イエスは、ニコデモの問題の核心に迫る。「人は、新たに生まれなければ、神の国を見ることができない」（ヨハ三・三）と言われた。「神の国」とは、神の真実の統治の実現しているところである。「神の国を見る」とか「神の国に入る」とは、神の「救い」に入れられると考えて良い。そうされるには、「新たに生まれる」という、根本的な変革が必要である。

ユダヤ教では、ユダヤ教への改宗者にはバプテスマを授けた。そして、以前の罪はすべて無効とされ、罪から清められた、全くの別人になるとされた。ユダヤ教には再生の思想があり、ニコデモも知っていた。しかし、ニコデモは正直な人であった。ニコデモは自らを、長年生きてきて、世の汚れに染まってしまっており、とても神の「救い」に入れられる可能性はないと考えたのではなかろうか。そこで、絶望的な思いで、「年をとった者が、どうして生まれることができましょう」という言い分になった。

イエスは答えられた。「母の胎から生まれる者は罪ある者である。水と霊によって生まれなければ天国に行くことはできない」と。「水」はバプテスマ儀式の水を意識されており、「霊」によってとは、神の御業として起こることを表している。「水と霊によって生まれる」（八節）とは、罪を悔い改めて、バプテスマを受けることによって、神の御業が働き、霊的に新しい者とされることと解釈される。

なお、不審に思うニコデモに対して、イエスは言われた。「風は思いのままに吹く。あなたはその音を聞いても、それがどこから来て、どこに行くかを知らない。霊から生まれた者も皆そのとおりである」。風がどこで生まれて、どこに吹いて消えていくのか、分からない。しかし、確かに風が吹いているということが、風が起こす現象を見るによって分かる。それと同じように、霊的に新しく生まれるということが事実として起こる。「霊・プニューマ」というギリシア語は「風」という意味も持っている。「あなたは神の霊がどのように働くのかを知らない。しかし、あなたは人間の生の現実に現れた神の霊の影響を見ることができる」。宗教的新生の体験は、宗教的な知識をいくら持っていても、理解できることではない。体験しなければ理解できない。

あるクリスチャン女性の看護師長が以下のような話をある本に書いていた。それを書き写しておいたので、紹介したい。

私共のキリスト教主義の病院に、三〇代後半の働き盛りのキャリア・ウーマンで子宮癌の発見が遅れ、手遅れとなり、死期が迫っている患者がいた。仕事に誇りを持ち、生きがいを感じていたので、身体に違和感があっても、仕事を休まずに働いた結果であった。看護婦長は病室を廻るたびに、聖書を読み、祈りをしていた。しかし、彼女はそんな気休めはいらないと、看護婦長の祈っている間も、目を開けて、拒否するような態度を取り続けた。二週間ほど経って、看護婦長がいつもと同じように、聖書を読み、祈り、目を開けてみると、彼女は涙を流しながら、一緒に祈っていた。そこで、どうしたのか尋ねると、以下のような出来事があったと言う。

彼女には、看護学校を卒業したばかりの若い看護婦が担当になった。その若い看護婦の経験不足によるぎこちなさやおどおどした態度に、キャリア・ウーマンとしての彼女の経験が厳しい言葉を言わせ、看護婦に不満をぶつけるようになった。そして、自分が癌の病になったということを受け入れられずにいる、やり場のない怒りもこの看護婦にぶつけるようになった。この看護婦は、彼女の病室に行くことに非常な緊張感を覚えるようになった。そのことがますますぎこちない看護の行為となっていった。ある日、とうとう彼女はささいなことで看護婦を追いつめてしまった。この看護婦は涙を流しながら、「お世話をさせていただいていることを感謝しています。また、厳しい言葉も私のためだと感謝しています」と言ったのであった。その言葉を耳にした時、彼女の張りつめていた心がゆるみ、心の頑な防御の壁が崩れたと言う。突然、その時、彼女は自分の置かれている状況を受け入れ、みじめな自分を認めた。そんな自分を憐れんでいる神の存在を認め、信じることができたと言うのであった。

このキャリア・ウーマンが、なぜ神を信じることができたのか、理屈では説明不可能であろう。彼女自身も説明できないであろう。しかし、事実として信仰を得、彼女自身が変わるということが生じた。まさしく、「風が吹いた」というべきである。信仰は理屈ではなく、体験である。主観的事実である（清沢満之）。

神との結びつきが死を乗り越えさせる。すなわち、死を受容することを可能にする。神を信頼することが、なぜ死を受容することに至るのか。

地上であなたを愛していなければ

天で誰がわたしを助けてくれようか。
わたしの肉もわたしの心も朽ちるであろうが
神はとこしえにわたしの心の岩
わたしに与えられた分（詩七三・二五―二六）。

死んだ後、私の身体（肉）も意識（心）も滅んでしまうのであろう。死んだ後に、私たちの存在を保証するような何かを、私たちは何一つ持っていない。しかし、神を愛するという神との密接な関係は、死にし後の自らの存在について確信を与える。神が私の心そのものであり、私に与えられた地所（分）である。この詩編には、死にし後も、神が存在する限り私も神の内に存在する（安らいでいる）であろうという信仰の核心が詠われている。

キリスト教信仰の「永遠の命」は、神との密接な関わりのことである。

永遠の命とは、唯一のまことの神であられるあなたと、あなたのお遣わしになったイエス・キリストを知ることです（ヨハ一七・三）。

積極的な死の受容の可能性が、キリスト教の信仰理解には確かにある。死に向かう時、そのことがどんなに不条理で不確かで、不審と怒りが伴っていても、神との信仰的な親密な関係は、死の受容を可能にする。死によっても脅かされない、深い平安を生み出す。

しかし、そのような神との親密な関係を持つということが、すなわち死にし後、天国に入れられるという確信を得るということが、どうして自分の身に起こるのかという、ニコデモの問いへの答えは与えられていない。

罪深き我が身に、どうして神の「救い」を確信することができるのか。そのことへの戸惑いをジョージ・ハーバート（一五九三―一六三三。英国教会最初の宗教詩人と言われる）の詩『愛』には、実に豊かに表現されている。シモーヌ・ヴェーユはひどい頭痛持ちであったが、頭痛の激しいときに、主の祈りをギリシア語で、またこの詩を朗読することで頭痛が和らいだと言っている。以下は筆者の訳である。

《愛》

ようこそおいでくださったと
《愛》はわたしを迎えてくれた
しかし　わたしの魂はたじろぐのであった
ちりに帰るべき　罪の身であったから
《愛》は目ざとく
入口で臆しているわたしを見のがさず
わたしに近づき　やさしくたずねられた

なにか不足でもおありかと

わたしは答えた
わたしはこの家の客にふさわしくありませんと
すると《愛》は言われた
いいえ　あなたこそこの家の客なのだがと
ああ　主よ
不実で　恩知らずのわたしがでしょうか
わたしは御顔を拝することもできない者です
《愛》はわたしの手を取って
ほほ笑みながら　応えられた
あなたの目を造ったのは誰か　このわたしではなかったかと

仰せの通りです　主よ
しかし、わたしはその目を汚してしまいました
受けるべき恥をわたしに負わせ
わたしの見合うところへ行かせてください
《愛》はわたしを見つめ、いたわりつつ言われた

あなたの罪の責めを負ったのは誰なのか
このわたしではなかったかと
ああ　尊き主よ　それではわたしがお仕えいたします
すると《愛》は言われた
お座りなさい　わたしの肉を食しなさい
わたしは　座して食した

《愛》は、明らかにキリストである。キリストは自らの十字架の死が救いを実現するものであることを、「過越」の出来事に結びつけて説明した。さらに、キリストの血を飲む、肉を食するという表現で救いの確かさを教えた。食することは命に直結するからである（マタ二六・二六―二八）。いわゆる「聖餐」の恵みを詠った詩である。後に、教会の礼典として、儀式化された。

聖書は、キリストの十字架の死は私たちの罪への身代わりの刑罰（贖罪）であるとする（キリスト教救済論）。キリストが、私たちの罪の刑罰を身代わりに受けてくださったことにより、私たちの救いが成った。ニコデモとの会話で、イエスは唐突のように、「人の子も上げられねばならない。それは、信じる者が皆、人の子によって永遠の命を得るためである」と言われた（ヨハ三・一四）。これは、キリストの十字架による贖罪死を示している。

彼が刺し貫かれたのは

わたしたちの背きのためであり
彼が打ち砕かれたのは
わたしたちの咎のためであった。
彼の受けた懲らしめによって
わたしたちに平和が与えられ
彼の受けた傷によって、わたしたちはいやされた（イザ五三・五）。

〔キリストは〕十字架にかかって、自らその身に
わたしたちの罪を担ってくださいました。
わたしたちが、罪に対して死んで、
義によって生きるようになるためです（一ペト二・二四）。

パウロは、神との和解、すなわち神との密接な関係の回復を勧める。というより、お願いしている。人々が受け入れるようにと、使者の務めを果たしているという。

ですから、神がわたしたちを通して勧めておられるので、わたしたちはキリストの使者の務めを果たしています。キリストに代わってお願いします。神と和解させていただきなさい（二コリ五・二〇）。

キリストの十字架の贖罪死によって、私たちへの神の「救い」が実現した。実現した神の「救い」が、私たちのものになるかは、私たちが受け入れるかどうかにかかっている。

神は、その独り子をお与えになったほどに、世を愛された。独り子を信じる者が一人も滅びないで、永遠の命を得るためである（ヨハ三・一六）。

第二部

レンブラント『エマオのキリスト』

1　思春期と宗教性

人は一生のあいだにさまざまな状況に直面する。時には、「限界状況」と言われるような事態に直面することがある。変えることも回避することもできない、のっぴきならない状況であり、今までの生き方では対処できず、忍耐力をぎりぎりまで試される状況である。限界状況は乗り越えることによって、その後のその人の人生をかたちづくる重大な契機となる。不治の病であったり、不慮の事故であったり、愛する人が亡くなるということであったりという、具体的現実の事態が限界状況になり得る。

しかし、心理的な事態が限界状況にもなり得ると言うべきであろう。例えば、自己の生が全く無意味であると感じてしまうことが挙げられる。生きる力が湧いてこず、死を考え、立ち尽くしてしまうという、まさしく当人にとってのっぴきならない状況である。神谷美恵子も心理的な限界状況の例に、自己の存在ゆえに他人が苦しむのを見なくてはならぬこと、そして自分の存在を無意味と感じることを挙げている（神谷美恵子『極限のひと――病める人とともに』ルガール社、一九七七年）。

それでも、心理的な限界状況の場合は、同じような状況であっても限界状況になる人とならない人とがいる。心理的に限界状況になるかどうかは、人によるという特性があると言えるであろう。

さて、限界状況に直面した人間はそれにどのように対応し、乗り越えるのであろうか。それも人によって異なると言わざるを得ないであろう。時に、限界状況がその人を精神的な病理現象に至るまで追い込むということが生じる。しかし、それをその人だけの精神の病的な特異な個人的現象と片づけてはならない。それは、ごまかすことをせず、真正面から受け止めた場合に、人間の精神にもたらされる、むしろ「正常」な現象であると考えられる。

これらの現象〔精神病理現象〕は単に人間の精神の病的なゆがみを示すものではない。それらは同時に「人間の可能性の源泉」〔ヤスパース「限界状況」〕をあらわしうるものである。つまり、危機に直面した人間を救い、彼の生を新しい次元の統一と意味にまでひきあげる精神的な契機となりうるのである。したがって、もし限界状況に対する精神病理的反応の特徴的な症例をあつめて詳しく分析することができるならば、人間性を構成するものの隠れた深みに何かの光を投げかけ、宗教的・形而上学的な世界観と生きかたの内面的源泉について、より多くを学ぶことができるかも知れない〔神谷美恵子、前掲書、五頁〕。

『心の病と宗教性』〔鍋島直樹他編〔龍谷大学人間・科学・宗教ORC研究叢書8〕、法藏館、二〇〇八年〕という本を手にした。仏教の視点から、心の病と宗教性との関わりについての研究の論文が載せられている。人間の普遍的な精神性（宗教性）が心の病には現れているのであり、心の病を扱う時には宗教性を念頭に置いて対応しなければならない、そのためには深い傾聴が必要であり、有効であると論じている。

さて、思春期とは、自分の存在を無意味に感じることが文字どおり限界状況となり得る、精神的に不安定な成長過程の一時期である、と捉えるべきである。さらに言えば、思春期とは、自分の存在を無意味に感じるという精神的な限界状況に直面する時期である、と言うべきである。

自分の存在を無意味に感じることが限界状況となり、病理的な精神状況にまで追いつめられ、悩み、苦しんだ生徒（中学生）の内面の軌跡を紹介したいと思う。その宗教性の深さに驚かされる。人間の内面の普遍的な深淵が現れているように思える。

思春期とは

思春期とは、身体的には第二次性徴が現れ、男女の性の機能が完成される時期のことである。年齢的には、一一―一二歳ごろから一六―一八歳ごろのことである。身体的な変化が著しく、精神面における激動の時期である。中学生、高校生の世代にあたる。

人の体の中には、生理的な見地からみれば、環境の変化に対して体温や血液中の血糖量を一定の範囲内に保とうとしたり、脅威を与えるストレスに対してはあらゆる生理的資源を動員してこれに対処しようとしたりする生体防御機制があるように、心の面でも、いろいろな刺激や不安に対して適応機制、防衛機制などの「生きるための知恵」を働かせて、つねに心の平衡を維持し、安定化しようとする傾向がある。しかし、子どもは心身共に未熟で未分化で抵抗力が弱いので、健康的な発達に必要な、情緒的な環境が与えられないと、心理的平衡状態を維持し難く、容易に心身症状や問題行動になって表れやすい。子どもの問題行動や症状は、心理的平衡状態を求めてのあがきである（鳴沢実『発達の危機とカウンセリング』ほんの森出版、二〇〇一年、三九―四〇頁）。

心身の発達過程にある子どもは容易に心理的平衡状態を崩し、心身症状を呈し、問題行動を起こすものである。子どもの問題行動は、心理的平衡状態を保とうとしての、外面的には援助を求めている信号であると言われる所以がここにある。その子なりに心の葛藤を受け止め、その解決法を求めての未熟な行動とも言える。思春期の子どもの問題行動は心身の発達過程における内面的な動揺に起因しており、むしろ正常な行動と考えられるのであり、周りの大人はそう受け止めることが求められる。

なかには心理的平衡状態の混乱が高じて、日常生活に支障をきたし、社会的な生活が形成できない生徒がいる。他の生徒との関係をうまく保てず、孤立したり、いじめの対象となったりすることが生じる。そして、いわゆる不登校という症状になってしまう生徒がいる。不登校とは「学校の中に身を置くことに不快、苦痛を感じ、そこから逃れることによって起こる」とされる。

ここでも、同じようなストレスを感じながら、平気である子とそうでない子とがいる。心理学的には、「コーピング・スキル（ストレス対処技能）」が形成されているか、という問題になる。また、同じ学校という環境に順応できている生徒がいるのに、順応できないのは心理学的な診断によると「耐性」が弱いということになる。対応としては、「コーピング・スキル」を形成させるために、「ソーシャルスキル・サポート」をいかに提供できるか、という取り組みになる（参考、藤山修「不登校予防と再登校援助」、紀要「新泉」第二九号、茨城キリスト教学園高等学校、二〇〇五年）。

しかし、不登校という症状を示す生徒を耐性の問題であると単純化してしまうことはできないであろう。「自分の存在を無意味に感じる」ということが精神的な限界状況となり、それが不登校という症状の要因になっているということが考えられる。学校の中に身を置くことに不快、苦痛を感じる原因が「無意味な自分の存在ゆえに他人が苦しむのを見なくてはならない」と考え（感じ）、身動きできないということがあり得る。

Tの場合

『天の鐘』（久保紘章編、ルガール社、一九七三年、三頁）に、schizophrenia（統合失調症）と診断された少女の詩が紹介されている。中学生から高校生のはじめにかけて書かれた詩である。久保が保健所の精神衛生相談の仕事をしていたときに、Tという少女の家庭訪問をすることになった。この病気で数回入院していたので、その後の様子を知るためであった。少女とはぼんやりと立ったまま、黙した一五分ほどの面接をして帰ったと言う。

その後、家庭訪問の報告のために少女の主治医と会ったとき、Tの書いたものである、と一冊のノートを手渡された。ノートには鉛筆書きでぎっしり詩が書かれていた。その夜、いいようのない気持ちでノートを読み切り、心のたかぶりをどうしようもできないまま朝を迎えた。Tの内面の、おそろしいまでに緊張し、張りつめられた状況が表現されているのに愕然としたと言う。

Tの詩は schizophrenia の病気という状況で書かれたものであるが、思春期の少女の特有の葛藤、悩みを突き抜けて、「自分の存在を無意味に感じる」限界状況に真正面に向き合っている。日常の世界に違和感を感じ、自分が余分な存在であるかのように思え、日常の世界に居場所を見つけることができず、容赦のない孤独感に襲われるという過酷な状況に身をさらし、書き綴った詩である。

我々が何気なく当たり前に思っている日常の世界を、自分の居場所ではないと感じ、違和感を覚え、完全な孤独と恐怖の世界に変貌してしまったらどうであろうか。中学生にとって学校の教室は日常の生活の場であるはずである。しかし、Tにとってその教室が耐え難い場に変容する。以下、Tの詩を一部紹介する（前掲書、『天の鐘』より）。

教室の中はざわめいている
次の授業が始まった
すっかり落ち着きがなくなった
ベルの音が心ぞうをえぐっていくようだ
とうとうここまで来たのだ

明日はどうしようと思いながら
不思ぎな力は重い体をひきづっていってしまった
何ということだ
だれにでもごく普通に思われることが
なぜこれほどまでに苦痛なのだろうか
授業ごとに変わって来る先生
その顔を見ることがやりきれなかった
多ぜいの友と同じ部屋にいなければならない
人がいることを意しきしすぎる
人が身辺にいることがたまらなく気になる
他人の動きや呼吸までもが感じられて
動きがとれなくなる
顔の表情がはげしく迫ってくる
恐怖がおそってくる
身動きできなく頭痛がする
頭はきみょうな音をたてる
大きくたえがたい音だった
もうしばらくがまんせよと

体のどこからかそういいきかせるものがある
もうたえることはと心が高なる
手を動かすとだれかに気づかれそうでとどまる
息が苦しくなる
頭は恐怖と絶望でうずまく
ここへ何を入れることができようか
空所がない
異常な感情がせんりょうしてしまっている（四二―四四頁）

*

友はみんな大きな声をだして笑う
何もおかしくない
笑うことができない
何を言われてもおかしくない
おもしろくない
なぜおかしいのか不思議だ
なぜそんなに笑えるのだろうか（七四頁）

教室が耐え難い場に変貌し、クラスの生徒たちとの違和感を覚え、うまく振る舞えないTのあり様が表現されている。

横の席の友がしかられた
大きな声で
長い間
しかられる原因を作ったのは自分だ
友をしかってはいけない
許してあげてください
かわいそうだ
きのどくだ
つらいことだろう
しかられるのは自分だ
そのことばを受ける者はここにいる
ここにすわっている
体の向きをかえていって下さい
しかりのことばはこちらに向かっている

心の中はそのことばでいっぱいだ
それは心の動きをとめた
反省しているのか
泣いているのか
わからない
友を許せ（五六―五七頁）

先生が生徒を叱っている。Tは自分が叱られているように感じ、自分の存在自体が非難されているように思ってしまっている。すべての非難が自分に向けられると感じてしまうTがいる。

手も足も体も重い
疲れきってしまった
長い間の苦痛に
日々が地獄だ（七三―七四頁）

＊

神様　なぜ生きることは長いの

一日も早く死をお与えください
死にたい
死にたい
生きていると恐ろしいことばかり
一日生きることが
一日分他人にめいわくをかけることに
生きることがこんなことになってしまった
人をさけてくらすことはできない
それだからなお
早く死をお与えください（八三―八四頁）

自分は人に迷惑をかけるだけで、生きている値打ちもない、生きていることが恐ろしい。自分の存在を呪い、自分がいなくなることを願う。すなわち、死を願うTがいる。

きたないもののかたまりのごとく思えて
首をすくめてちぢこまる
ここにいること限りなく小さい（二九頁）

森田進（詩人）はTの詩から、八木重吉や中原中也、大江満雄に通ずる宗教的エートスを彼女が持っていることを読み取っている。自分の苦しみや辛さは断罪されているからであると感じており、自分は罪ある人間であると考え、裁きを求めているTがいる。痛々しいほどの自己懲罰の意識を表現している。

忘れないこと
それは話し、教え、ことば
まよって落ち着かぬものに
教えてくれた
その話その言葉
救いの声だった
救われてくずれながらも生きる（八五―八六頁）

森田は「この少女は当時キリスト教徒ではなかったという。どうしてこういう宗教的エートスを携えていたのか知る由もないが、その根底には先に指摘した垂直的発想が底流している」（一三一頁）と、その宗教性に驚くと言う。

その後、Tはキリスト教信仰に導かれている。どうしてか、誰かがTにキリスト教を伝えたのか、一切説明がない。しかし、キリスト教の信仰がTに救いをもたらしたことは確かである。

山にそびえて草は地にはう
草に似る人は
たえず山を仰ぐ（一七頁）

＊

神様にすがり
みこころを信じて
ひたすらに祈る（一九頁）

＊

このねがいかなえさせたまえ
はかなく
つかまえられないものであろうとも（一九頁）

Tの詩は schizophrenia の病気という状況で書かれた詩である。病気が容赦のない孤独感を生み出し、人生の根本問題を先鋭にさせたと言える。我々が日常の生活において、目をそらし、避けている問題から逃げることができず、真正面から「自己の生が全く無意味である」と感じる限界状況と格闘しているTの姿がある。

Aの場合

Aは本学園中学校入学式に新入生代表として、入学に際しての抱負を書いた作文を朗読した優秀な生徒であった。入学してから程なく、ほんの些細なことがきっかけで不登校となり、摂食障害を発症し、自殺未遂を起こし、ある病院の思春期病棟に入院し、治療を受けることになった。

担当医が「Aの摂食障害は、自分が健康になるのを嫌っており、死にたい願望が強く、単なる摂食障害ではない」と言っている、ということを母親から聞いた。母親に、Aへ手紙を書いても良いかと尋ねると、そうして欲しいと言われたので、母親に担当医の許可を得てもらい、事前に担当医が手紙の内容に目を通すことを了承して、Aに手紙を書くことにした。母親が病棟を訪問する時に手紙を持って行ってもらった。そして、Aからの返事が来て、手紙のやり取りが始まった。

以下の内容は、Aの了承をもらって載せている。Aは自分が精神的に苦しんだことで、悩んでいる他の生徒に多少とも役立つのであればと受け止めてくれ、以下の内容を載せることを承諾してくれた。現在、Aは成人し、東京に在住し、大学に通っている。

やり取りした手紙

Ａへの最初の手紙（夏の季節であった。）

暑い日が続いています。セミが盛んに鳴いています。それでも、夕方には蜩《ひぐらし》が鳴くようになりました。赤とんぼももう飛んでいます。

Ａさん、どのように過ごしていますか。生きることが苦しいと思っていませんか。それは、感じ方によって違ってきます。今年の夏は暑いです。夏ばてになりそうです。でも、この暑さは、ことさらに水がおいしいことを味わわせてくれます。苦しいことを経験しているときは、その苦しい経験から見えるものがあります。それは、とても貴重な、大切な経験なのです。苦しいときに、Ａさんにとって希望や力になるものは何か、よく見つめてください。Ａさんにとって、生きようと前向きの思いを与えてくれるものは何か、それを素直に見つめてください。

人間に同じ人はいません。それは、それぞれに生き方が違うということであり、それぞれに境遇が違うということによっています。どんなに辛く、苦しくても、神様はその人が耐えられる境遇をお与えになっていると思います。

ありがとう　　水野源三

ものが言えないわたしは
ありがとうのかわりにほほ笑む
朝から何回もほほ笑む
くるしいときも　悲しいときも
心から　ほほ笑む
ただ　ほほ笑む

神は真実な方です。あなたがたを耐えられないような試練に遭わせるようなことはなさらず、試練と共に、それに耐えられるよう、逃れる道をも備えていてくださいます（一コリ一〇・一三）。

あせらず、すこしずつ自分の歩みをしてください。

Aからの返事

F先生、お手紙と素敵な絵はがきをどうもありがとうございました。先生からの手紙が届いた時、あまりに嬉しくて涙があふれてきました。先生、罪を犯した人間はどのようにして、その罪をつぐなえば良いのでしょうか。また、罪を犯した人間は生きていて良いのでしょうか。どうか、教えてください。

私は罪人です。たくさんの人達をだまし、苦しめました。私は餓死してつぐなおうとしましたが、神様はそれを受け入れてくれませんでした。私は自分自身を許すことが出来ません。私は今、神様からの恵みが見えません。私に信仰も愛も希望もないからです。お返事お待ちしています。

Aより

Aは自らの存在を肯定的に受け止めることができず、自分は人に迷惑をかけるだけで、生きている値打ちもない、罪ある存在であると考えている。自分の存在を呪い、自分がいなくなることを願うTと同じように考えているAがいる。Aも自己懲罰の意識を表現している。

Aへの手紙

まだまだ暑い日が続いています。夕方には、虫が盛んに鳴くようになりました。季節は少しずつ、秋に向かっているようです。

Aさんは、自分を許せないと言っていますね。そして、そんな自分は生きていてはいけないと考えているようですね。確かに、私たちは生きるということによって、人を傷つけてしまいます。もう、取り返しがつかない。その人を傷つける前には戻れない。どうしたら良いのか、分からない。何もできません。辛くて、苦しくて、生きているのが嫌になってしまいます。Aさんの気持ちが分かります。

そんなときは、神様にゆるしを求めて、祈ってください。傷つけてしまった人ががんばれるようにお祈りして、神様にお委ねすることです。神様は、必ず最も良いようにしてくださいます。自分を裁いてはいけません。裁きは神様のなさることです。

パウロは「わたしは、自分を裁くことすらしません」と言いました（一コリ四・三）。私たちにできることは、神様にゆるしを求め、委ねることです。神様はゆるしてくださいます。すでにゆるしてくださっています。

Aさん、イエス・キリストが十字架につけられたとき、十字架の苦しみの中で、「父よ、彼らをおゆるしください」と自分を殺そうとしている人々のために祈られたことを覚えていますか。キリストの祈りの「彼ら」の中に、私もAさんも含まれているのではないでしょうか。どんなに罪を犯してしまっても、キリストのとりなしの祈りによって、ゆるしが与えられている。私たちのすべきことは、そのゆるしを受けて、新たに生きること、その都度、新しい出発をすることです。

Aさん、自分で自分を裁いてはいけません。素直に、正直に、ありのままに、疑いや不安をそのままにゆるせない自分のことを神様に話しかけてみてください。神様がゆるしてくださっていることを心に感じられるでしょう。


主よ、あなたが罪をすべて心に留められるなら主よ、誰が耐ええましょう。
しかし、赦しはあなたのもとにあり
〔それゆえ〕人はあなたを畏れ敬うのです（詩一三〇・三―四）。

主を信じる者は、だれも失望することがない（ロマ一〇・一一）。

Aからの手紙

あんなめちゃくちゃなことばかり書いてあった手紙にお返事をくださって、ありがとうございました。私は幸せ者ですね。ご飯も食べきれないほどあるし、入院もできるし、家族もしょっちゅう面会に来てくれます。でも、この病院には両親がいなかったり、私より重い病気にかかっている人達がいます。

だから、なおさら自分の幸せが実感できます。私は生きている価値のない人間です。その私にどうして神様はこんなに恵みをくださるのでしょうか。「私の幸せを皆に分けてあげたい」と私はよく思います。私は神様やイエス様からの恵みに値する生き方ができません。だから神様にも、私を見守っている人達にも苦しんでいる人達にも申し訳ない気持ちでいっぱいになって苦しいです。私は今何を考え、何をするべきなのでしょうか。私の心の中で「死にたい」という気持ちが消えません。自分でどうするべきか分かりません。授業で教わったこと、頭では分かっているつもりなのですが……。私は幸せになると不安になって、不幸になると幸せになりたがる自己中心的な人間です。お返事お待ちしています。

Aより

Aへの手紙

Aさんは、いつも他の人と比べて、自分のことを考えていますね。そして、自分を責めることになってしまいますね。自分の恵まれた境遇を感謝する気持ちを持てる反面、恵まれている境遇が自分を責めることになっているようですね。

世界に目を向けると、本当に勉強がしたくてもできずに、家族のために働いている子供たちがいます。自分の恵まれていることがうらめしいと思えます。自分に何ができるのかと考えても、何もできない無力さを知らされます。でも、そんな時でも祈ることはできます。

わたしは着る物に不足していません
わたしは寒さにふるえている人々
はだしで歩いている人々を思わずにいられません

わたしは健康で、医者にもかかれます

わたしは病気なのに、誰も助ける人がいず
死んでいく人々のことを思わずにはいられません
わたしは平和に過ごしています
わたしは戦争によって踏みにじられ
引き裂かれている人々を思わずにはいられません

主よ
それらの人々をあわれんでください（イェルク・ツィンク『現代への祈り』から）

祈ることを忘れてはいけません。そして、機会が与えられて、何かができる時にできることを行なうのです。

Aさん、「死にたい」という思いは、誘惑であると気づいていますか。「死にたい」という思いは、誰にでもあります。先生にもあります。大江健三郎さんが『「新しい人」の方へ』（朝日新聞社、二〇〇三年）という本で、子供の頃に「死にたい」と思った体験を書いています。でも、その誘惑に負けないで、生きることを選ばなければいけません。

ある哲学者が人間を定義して、「人間とは、やがて死ぬべき、そしてそのことを知っている存在である」と言いました。人間はいつか必ず死ぬことになります。しかも、そのことを知っているので、どのように生きるかを考え、やがて死ぬ時、後悔しない、意義のある人生を送りたいと考えるのが人間であると言っているのだと思います。

まことに、主は……言われる。

わたしを求めよ、そして生きよ（アモ五・四）。

Aさんの考えていることは異常ではありません。他の人がいい加減にしていることを、必死に考えている、それは、とても尊いことです。

Aからの手紙

急に涼しくなりました。きっと雨が降ってくれたおかげですね。毎回、お返事をありがとうございます。先生のくださるお手紙は、いつ何回読んでも、私を元気づけ、励ましてくれます。先生、「生きる」とはどういうことですか。聖書の中では何と書いてあるのですか。教えてください。私は最近、体調が良いので外泊することがあります。家に帰ると、懐かしい匂いがします。入院したおかげで、私は「家族」と「自分の家」のありがたさを知ることができました。早く学校にも行きたいです。

Aより

Aへの手紙

人間には心があるので、心のエネルギーが少なくなると、生きる力が湧いてこず、生きることが苦しくなるということが起こります。そんな時は無理をしなくて良いのです。心にエネルギーが貯まるまで、自分の時間を過ごして良いのです。Aさんは、今、心のエネルギーを回復している時だと思います。

私たちは生きています。生きようとする以前に、すでに生きています。そこに、神様の御心（願い）があります。「生きるように」という神様の御心によって、今、ここに、私が生きています。

「生きる」ということは、それぞれが自分らしく生きることによって、自分（他の人ではない）の生きるということがどういうことなのかが分かる（実現する）のだと思います。はじめから答えのあるものではありません。

フランクルという人は、「人生の意味とは、自分でつくり出していくものである」と言いました。フランクルは、アウシュビッツの収容所を体験して生き延びた、ユダヤ人の心理学者です。フランクルは、アウシュビッツの収容での過酷な苦しい体験にも意味がある。他の人が経験しない苦しい体験が、自分だけの意味ある人生をつくり出していくと言っています。

Aさんが Aさんの人生をかたち作っていくのです。はじめから「生きる」ということが分かっているのではなく、生きることを経験していくことによって、分かっていくことなのです。AさんがAさんらしく「生きる」ことによってAさんだけの「生きる」ということが形成されていくのです。

聖書には、「生きるということは、神のことを知っていくこと」という教えがあります（使一七・二七、二ペト一・五―八）。そして、聖書には「生きる」ことを励ます言葉に満ちています。聖書を読んで、いろいろな言葉を見つけてください。あせらず、夏ばてしないように過ごしてください。

この後、Aは夏休み明けから教育相談室登校ができるようになった。しかし、程なくAは再入院をした。病院の方が落ち着くというのである。冬の季節となって、再び退院してきたAに手紙を書いた。

Aへの手紙

朝、出勤する時、自動車のフロントガラスに霜が降りています。お風呂の残り湯をかけて、霜を溶かしてから出かける日が続いています。

自分の存在は、自分だけで成立しているのではありません。もちろん、両親の存在がなければ、自分は生まれなかったでしょう。しかし、それだけではありません。自分に関わりのある人たちがたくさんいます。最も身近な人たちは家族です。そして、友だち、学校の先生、地域の人たちなどその中で、自分の生き方に影響を与える人がいます。良い意味でも、良くない意味でも。その人の生き方を自分の生き方にしたいと思える人がいます。そのような人との出会いは一生の宝です。

実は、その反対もあります。自分の存在が周りの人に影響を与えています。自分の生きている姿が周りの人々に励ましを与えていることがあります（Ａさんも、入院中に出会った人からそう言われたと言っていましたね）。自分の経験する辛い、苦しいことが自分にとって意味があるように、周りの人にとっても同じように意味があるということができると思います。

わたしたちが悩み苦しむとき、それはあなたがたの慰めと救いになります（二コリ一・六）。

Ａさんの今の経験は、Ａさん自身にとってもそうですが、Ａさんの周りの人たちにとっても「慰めと救い」となるという意味があるでしょう。そのためにも、Ａさんが乗り越えることが求められていますし、必ず、乗り越えられると思います（一コリ一〇・一三）。神様に祈り、お母さんに相談して、乗り越えてください。

Ａからの手紙

晩春の季節となり、Ａからの返事が来た。

ソメイヨシノが散り、若葉が芽生え、つつじや八重桜が美しく咲く季節になりました。いつも私の体調を気遣ってくださり、ありがとうございます。私は元気です。ご飯もお母さんがストップをかけるほどよく食べるし、お昼寝もよくしています。

私のつくった詩をいくつか先生にお見せする約束でしたね。覚えていますか。私の詩は、私の調子の良い時にぽっと火のつくように浮かんできます。だから、そんなにたくさんつくれません。四つ紹介します。「自分を幸せに」は小さいころからの私の疑問を自分なりに深く考えて書きました。私は物心ついた時から、お母さんに「なんで、私は生きているの？」と聞いていました。その度に、お母さんは「人のためになるためよ」と答えてくれました。そして「自分を愛する」というのが、今の私が出した答えの一つです。

「心の詩」はマティ君の詩を読んでヒントを得ました。でも、私は自分の心の詩が分からないので、どうか聞こえますようにという願いを込めて書きました。「朝に希望」は「心が強くなるリラックス法」という本の中に、「朝に希望、昼に努力、夜に感謝」という言葉が入っていたので、その言葉を私なりにふくらませて書きました。「ツバサ」は「今の私の心、夢、願い」をテーマに書きました。朝フッと頭に浮かんだものです。今、私の詩の中で一番のお気に入りです。

Aより

その後、Aからたくさんの詩が送られてきた。その時々のAの素直な気持ちが表現されている。Aがこれまでの気持ちを整理し、先に進むことを願って、詩集にすることを勧めた。何回かの打ち合わせをして、『今までの私 From the Past to the Future』という詩集にまとめた。A自身がタイトルを考え、イラストもA自身が描いて完成した。五〇部作り、家族や友達に配った。その中からいくつかを以下に紹介する。

自分を幸せに

なぜ　私は産まれてきたの
なぜ　私は生きているの
「人のためになる人間になるためよ」って
お母さんは教えてくれた

でも「人のためになる」って　どういうこと
誰かを助けるってこと
励まし　勇気づけたりすること
……
愛するってことかしら
人を愛して　幸せな気持ちにしてあげることかしら

でも　その前に　自分が幸せにならなくっちゃ
自分を愛せなくっちゃ
だって　自分を愛せないのに
誰かを愛して
幸せにしてあげることなんか　できるはずがないもの

心の詩《うた》

心の歌って　何か知ってる？
優しい気持ちになった時
心が満たされ　何でもできるような気がした時
心の中に自然に流れてくる　心の歌
目をつむって　耳を済ますと聞こえるの
どんな人でも必ず持っているんだ

でもね　私　自分の心の詩　なくしちゃった
自分を見つめることが怖くなっちゃったから
誰も信じられなくなっちゃったから

いくら耳を澄ましても　聞こえてこないの
神様
私は　どこに心の詩を置いてきてしまったの
どうかまた　聞こえるようにしてください

私の心の詩で　たくさんの人を　幸せにしてあげたいのです

ツバサ

あの時　切り裂かれた傷は　もう癒えない
でも　羽ばたくの
たとえ　片翼になっても　自分の翼を　精一杯広げて
大空に　夢を描いて　高く高く　羽ばたき　飛んでいく
たとえ　雨風にたたかれて　白い翼が汚れても
お日様の光を信じて　羽ばたくの

そして　天使になって

神様に　抱きしめてもらうの　ぎゅっと
この願い　叶えてもらえますか
夢を見て　かろうじて支えられている私

Polaris

また泣いているの？
一人ぼっちで泣いているの？
心が真っ暗になっちゃった時って　どうしょうもないんだよね
苦しいよね　悲しいよね　寂しいよね

ほら　顔を上げて　お空を見上げて
星たちが輝いている
きらきら　宝石のように輝いている

私は　あなたの空の星になる
きらきら輝いて　あなたを導く星になる

あなたが道に迷わぬように
あなたがひとりぼっちにならぬように
がんばって輝くから
顔を上げて　お空を見上げて
わたしはあなたの Polaris になる

あなたは一人じゃないよ
なんとかなるよ　絶対大丈夫だよ

以上の詩は、Ａが自分に語りかけているのであろうと思う。書くことによって自分を支え、保っているのであろうと思う。詩を書くことで、考えを整理し、生きることへ希望を持とうとしている。

出会い

あなたは周りの人をどんな風に見ていますか？
私はその人に内なる光を探します
内なる光とは　優しい心とかきれいな笑顔とか
光を探しながらその人を見ると　その人が好きになります

光がたくさん見つけられると　その人が大好きになります
その人の持っている光の中で　特別に輝いている光があると
私はその人を尊敬し、愛したいと思うようになります

人との出会いは　小さな素敵な奇跡です
私はそのような出会いを大切にして　たくさんの人を愛したいです

出会いがあれば　別れの時が来るでしょう
その時　笑顔で「今までありがとう」と心から言いたいです

人の内面に思いを馳せ、否定的な、非難するような思いではなく、どのような人にも優しい心があると受け止めたいという願望を表現している。このように人を見ることができれば、良好な人間関係を形成することができる。友達関係で躓いた、友達関係をうまく築くことができなかったAの何とかして人間関係を乗り越えたいという気持ちを表現した詩であろう。

アイ

私の見ているもの　感じているものはすべて
表面的であると言われた
どうして　そんなことが言えるの
私は自分が否定されている気がして
悔しかった　苦しかった
自分が信じている人だったから
そう　私は傷ついた

私をこんな気持ちにさせるもの
他にもいっぱいあるけど
私のこんな気持ちにどう向き合えばいいの
自分なんかいなければいいんだ
そうだったら　傷つくことなどないんだ
以前なら　そう落ち込んで
自分を否定し　自分を消し去ることを考えた

No temptation has seized you except what is common to man.

自分が否定されたと感じても　自分が否定しなければいい
苦しんでいる　悲しんでいる　怒っている自分がいる

And God is faithful.

自分を励ましてあげればいい
自分の言葉で　励ませばいい

He will not let you be tempted beyond what you can bear.

私の心に沁みこんでくる　神様の言葉
私はその言葉に力づけられ　満たされる

※英文は、コリントの信徒への手紙一、一〇章一三節の言葉である

この詩は、Aが限界状況を乗り越えつつあるのではないか、と考えさせられる内容である。「自分が否定されている気がして」というのは、筆者に詩を批評されたことである。

まとめ

吉田脩二は「不登校生をどう指導すべきかなど考えるより、まず、彼らの苦しみを共感できる能力を持つこと」「彼らから教わり、学ぶという姿勢を持つこと」の重要性を語っている。一人ひとりの心のあり様に寄り添うことを一貫して強調し、マニュアル的に対応することの無責任性を語っている（吉田脩二『思春期・こころの病』高文研、一九九一年）。

「自分の存在が全く無意味であると感じる」ことは、「限界状況」になり得る事態である。しかも、誰でも「自分の存在が全く無意味であると感じる」ことを経験するのではないだろうか。しかし、それが「限界状況」になるかは人による。それをどう考えるべきなのか。

死を考えることに関して、死の不条理と不可解のゆえの怖れや不安が、私たちに死を考えることから目をそらさせることを、パスカルは「気晴らし」、キルケゴールは「自己疎外」、ハイデッカーは「頽落」と言っている。同じことが「自分の存在が全く無意味であると感じる」ことにも起こっていると考えることができるのではないか。

Tの場合、自分の存在が全く無意味であると感じることを、schizophreniaという病気が先鋭化させたということも作用して、否応なく精神的「限界状況」に追いやられ、人生の意義について真正面から格闘することになってしまった。Tの詩は、人間存在の実存的な根源にまで洞察するような内容に至っている。Tの詩に八木重吉や中原中也の詩に通じる宗教性、「垂直性」を読み取った詩人もいる。

また、Aの場合も、自分の存在が無意味に感じることが精神的限界状況となり、不登校、摂食障害という症状を先鋭化させ、自殺未遂にまで至り、深刻な悩み苦しみに追い込んだ、と言えるであろう。自分の存在の意義を宗教的な次元にまで及ぶ、深い悩みにしている。驚くべきことは、TもAも中学生という年齢で人間存在の根源に迫っているということであり、その告白内容には深い宗教性が示されている。

人間は意味を求める存在である。その究極的な意味を求める時に、自分という存在を、どうして罪深い存在として否定的に見つめることになるであろうか。そのことに関して、ボロシュは人間存在を実存的に分析して、次のように言っている（以下は要約）。

人間はこの世界にあっては旅人、故郷のない放浪者、巡礼者である。その意味するところは、人間は決定的次元においてこの世界内での疎外者であるということである。動物のようにこの世界の一部分となって、安住することができないということである。

この世界が私にとって無縁であるのは、私が自分自身に対して疎外者になっているからである。「世界の＝内に＝有ること」としての私が、世界内の私として存在できずにいるからである。そして、その根本原因は私たちが自分から疎遠になっていることにあり、その結果この世界での体験が、拠り所のない疎外者としての体験にならざるを得ないのである（ラディスラウス・ボロシュ、前掲書、一三五頁以下参照）。

さらに、パスカルは人間はこの世では、はかなく、みじめで、根本的な悲惨を帯びている、人はだれでもその存在の神秘的な深みにおいては、この世界で見捨てられた「みじめ」な存在である、と言っている。

人間の偉大さは、人間が自分の惨《みじ》めなことを知っている点で偉大である。樹木は自分の惨めなことを知らない。だから、自分の惨めなことを知るのは惨めであることであるが、人間が惨めであることを知るのは、偉大であることなのである（『パンセ』中央公論社、断章三九七、二一九頁）。

TもAも、図らずも、このような宗教的次元の人間理解に至っていると言い得るであろう。そういう人間存在の深みにおいて自己を肯定的に受け止めることができることが救いである。

わたしはなんと惨めな人間なのでしょう。死に定められたこの体から、だれがわたしを救ってくれるでしょうか（ロマ七・二四）。

昼も夜も、わたしの糧は涙ばかり。
人は絶え間なく言う。
「お前の神はどこにいる」と（詩四二・四）。

どうか、わたしたちの主イエス・キリストの神、栄光の源である御父が、あなたがたに知恵と啓示との霊を与え、神を深く知ることができるようにし、心の目を開いてくださるように（エフェ一・一七―一八）。

Tも A も、宗教的次元に至ることによって、自分を取り戻し、自分の存在の意味を見出すことができたと言えるのであろう。教員として、思春期にある生徒に対峙する時、人間存在の根源への眼差しを忘れてはならないと考えさせられる。

2　八木重吉の信仰

八木重吉の信仰の姿勢は、詩作にも通じており、信仰の本質に飛び込むというものである。飛び込むという行為は、理性を超えた「直感」によるということである。

この聖書《よいほん》のことばを
うちがわからみいりたいものだ　ひとつひとつのことばを
わたしのからだの手や足や　鼻や耳やそして眼のようにかんじたいものだ
ことばのうちがわへはいりこみたい（「桐の疎林」『八木重吉全詩集2』ちくま文庫、一九九五年、九一頁）

十字架
十字架を説明しようとしまい
十字架のなかへとびこもう

十字架の窓から世界を見よう（「信仰詩篇」、前掲書、二六〇頁）

パスカルはそれを「心情の直感」と言った。

われわれが真理を知るのは、理性によるだけでなく、また心情によってである。われわれが第一原理を知るのは、後者によるのである。それに少しも関与しない理性が、それらの原理に戦おうとしてもむだである。……なぜなら、空間、時間、運動、数が存在するというような第一原因の認識は、推理がわれわれに与えるどんな認識にも劣らず堅固なものだからである。……理性が心情に向かって、その第一原理を承認したいから、それを証明してほしいと要求するのは、心情が理性に対して、その証明するすべての命題を受け入れたいから、それを直感させてほしいと要求するのと同じように無益であり、滑稽《こっけい》である。……

それだから、神からの心情の直感によって宗教を与えられた者は、非常に幸福であり、また正当に納得させられているのである。だが、宗教を持たない人たちに対しては、われわれは推理によってしか与えることができない。それも、神が彼らに心情の直感によってお与えになるのを待っているあいだのことなのであって、このことがなければ信仰は、人間的なものであるのにとどまり、魂の救いのためには無益である（『パンセ』〔世界の名著24〕前田陽一・由木康訳、中央公論社、一九六六年、断章二七八、一八二―一八三頁）。

信仰は、理性的に理屈として理解するものではなく、直感的に得るほかないものと言わざるを得ない。ある程度までは理屈でたどることができたとしても、その先は直感に拠るということである。すなわち、飛び込む、内側に身を置くことによってしか理解できないことがあるのであって、信仰とは飛び込むことによって、その内実に身を置くことによって、初めて理解できるものであると言わなければならない。

しかし、それは人間の作為によるものではなく、パスカルの言う「神からの心情の直感」によって可能になると言うべきである。信仰は神からの賜物である（エフェ二・八）。

われわれはイエス・キリストによってのみ神を知る。この仲保者がなければ、神との交わりはすべて取り去られる。イエス・キリストによって、われわれは神を知る。イエス・キリストなしに神を知り神を証明すると主張した人々は、無力な証拠を持っていたにすぎない。……彼を離れ、聖書なく、原罪なく、約束され来臨した、なくてはならない仲保者なしに、人は神を絶対的に証明することも、正しい教理と正しい道徳とを教えることもできない（前掲書、断章五四七、二七三―二七四頁）。

われわれは、ただイエス・キリストによってのみ神を知るばかりでなく、またイエス・キリストによってのみわれわれ自身を知る。われわれはイエス・キリストによってのみ生と死とを知る。イエス・キリストを離れて、われわれは、われわれの生、われわれの死、神、われわれ自身が何であるかを知らない。ゆえに、イエス・キリストのみを主題とする聖書がなければ、われわれは何も知らず、神の性質についてもわれわれ自身の本性についても、曖昧《あいまい》と混乱とを見るだけである（前掲書、断章五四八、二七四頁）。

さらに、

イエス・キリストはすべてのものの目的であり、すべてのものが向かっている中心である。彼を知るものは、あらゆる事物の理由を知るのである。……世界は、イエス・キリストにより、イエス・キリストのためにのみ存在し、人間にその堕落と贖《あがな》いとを教えるためにのみ存在しているので、すべてのものはこれらの二つの真理を証明するものとして世界に現われている（前掲書、断章五五六、二八三―二八四頁）。

八木重吉が詩に書いている（『八木重吉全詩集2』）。

真理

真理によって基督を解くのではない
基督によって

真理の何であるかを知るのだ（「赤い花」一九二六年二月七日編、二五二頁）

頌栄

みんな基督のほうをむいてゐる
とほい昔しの者もこれからさきに生まれる人々も
世界ぢゆうがかれのほうへむかって掌をあわせてゐる
いろいろな詩も科学も
すべては基督のほうへ流れこんでゐる（「晩秋」一九二五年一一月二三日編、二一三頁）

キリスト教信仰者にとって、イエス・キリストとはそのような存在である。イエス・キリストは、⑴神を解き明かし（ヨハ一・一八）、⑵罪ある私たちの身代わりに神の裁きを受け、私たちの救いを実現された（一ペト二・二四）。⑶私たちの祈りを神に執り成し、神の恵みと憐れみを取り継ぐ仲保者である（ロマ八・三四）。⑷そして、私たちの模範である（一ペト二・二〇―二一）、と理解する。

信仰の目指すところ

キリストの言葉に聴き、寄り添い、そして、キリストの人格と結びつき、キリストと一つになることを、パスカルも重吉も目指した。二人の信仰の姿勢に、そして信仰理解に共通性を見ることができる。

かくして、私は私の救い主に両手をさしのべる。……彼の恩寵によって、私は永遠に彼と一つになるという希望をいだいて、安らかに死を待つ。それまでのあいだ、私は、彼がその思召しによって私に与え給う幸福のうちにおいても、また彼が私の益のために送り、彼の模範によって耐え忍ぶことを教え給うた災禍のうちにおいても、喜びをもって生きる（『パンセ』〔世界の大思想8〕松浪信三郎訳、河出書房新社、断章七三七、二九六―二九七頁）。

基督と真理

基督が真理であるのだ　そうわかればメめたものだ
そうわかれば基督を説き又解こうとしない
基督が尺度となる　まづ基督に入りそこから世界を見る
いままでとは反対の立場だ　基督のまん中へ一気にとびこんでも
じわじわはいって行っても結局は同じだ　めぐまれた者のみがしかし入るのだ
そうなれば疑といふものはなくなる　少くも基督について疑がなくなる
いや全くなにもわかって来るのだ

何故かと云えば永遠の言葉は一つで足りるから
そして祈りと努力の生活がはじまる　本当の味わひがわかってくる（「赤い花」一九二六年二月七日編、前掲書、二五二頁）

八木重吉とパスカルの共通点

病気を抱えていた

二人とも、死を意識せざるを得ない病気を抱えていた。パスカルは、一八歳の時から、原因不明の「病」に取りつかれ、死を意識せざるを得ないさまざまな症状を呈し、苦しめられた。いくつかの病気が複合していたと考えられ、本人に非常な苦痛を強いただけでなく、周囲で介護する者たちにもたまらない思いをさせた。パスカルは三九歳で亡くなった。死後の解剖による報告は、「胃と肝臓がしなび衰え、腸が壊疽にかかっているのが判明した」と伝えている。

重吉は、二二歳の時、肺病と疑われ、寮を出て、池袋の素人下宿の下宿人となるということがあった。その頃から、結核の病気が完治することなく、進行していたのではないかと考えられる。二八歳の時、「結核第二期」と診断され、一九二七年一〇月二七日、二九歳で亡くなった。

信仰体験

二人とも、ある特定の時に、明確なる「キリスト体験」というべき体験をしている。

パスカルは、一六五四年一一月二三日、三一歳に体験。パスカルの死後、召使が一着の胴着の裏地に縫いこまれた一枚の羊皮紙と紙片を発見した。そこには、「火　アブラハムの神、イサクの神、ヤコブの神。哲学者および学者の神ならず。確実、確実、感情、歓喜、平和。イエス・キリストの神……イエス・キリスト。イエス・キリスト……イエス・キリストおよびわが指導者への全き服従……」（『パスカル』〔世界の名著24〕中央公論社、四七五―四七六頁）と、大急ぎに震える手で書きつらねられたのであろう、乱れた字で書かれてあった。どのような体験であったのか、憶測することしかできない。しかし、後の研究によると、「火」ということから、光り輝くようなキリストの顕現の体験ではなかったかと考えられている。

重吉は、一九二五年二月一七日、二七歳に体験。「詩稿　み名を呼ぶ」の後半部（『八木重吉全詩集1』三八一頁以下）に、ある信仰体験を記述している。「千九百二十五年　大正十四年二月十七日より　われはまことにひとつのよみがえりなり」とあり、その後に「称名の詩」と称せられる詩が続く。「おんちち　うえさま　おんちち　うえさま　と　となうるなり」（三八一頁）、「われ　ちちとよぶ　われをよぶこえもあり　そのこえのふところよりながむれば　きりすとの奇蹟のやすやすとありがたさ」「ついに　われひとりゆくなり　なくべからざるしんじつなり」（三八三頁）などである。これも、どのような体験であったのか憶測するしかないが、神秘的な体験をしたように思われる。キリストが奇跡を行われたことを疑うどころか、ありがたく受け止められるような心躍る体験であったようである。

パスカルや重吉のこのような信仰体験をどう考えればよいのか。二人とも殊更にそのことを語ることをしていない。パスカルは個人的な体験として、亡くなるまで内に秘める姿勢をとった。重吉も体験そのものを語ることをしていない。しかし、二人とも自分の信仰を確信する体験と受け止めていることは確かである。

聖書のキリスト

福音書の文体の単純さやイエスの話し方の平静さなどは、すなわち「聖書の謙遜」は、かつて若いアウグスティヌスを失望させ、信仰からそらせる原因になったが、パスカルはそれをイエスの神性を暗示する一つのしるしと見た。なぜなら、「普通の人が大げさに話すことも、偉大な人は淡々と語るのが常であって、福音書の単純な筆致やイエスの平静な説話は、まさにその部類に属するものであり、かれの神性を立証するものにほかならない」（由木康『パスカル』日本基督教団出版局、一九六六年、一六二頁）からである。

パスカルはまた、聖書のうちにある一種の漠然としたもの、すなわち、キリストの神性を薄雲によって包んでいるようなあの不分明さのなかに、独特の意義を認めている。多くの人は、キリストが神であるならば、聖書はもっと明白にそれを示すべきではないかと言う。しかし、イエスの最初の降臨の特性は、生来の人間に漠然と見えるところにあるのであって、かれは信仰ある者には知られるが、そうでない者には知られない「隠れた神」である。この両義性を是認しないかぎり、聖書をもキリストをも正解することができないと、パスカルは言う（由木康、前掲書、一六三頁）。

信仰は自明ではない。「直感」によらなければ信仰の領域に至ることができない。そして、信仰を得て聖書を読むとき、聖書が信仰の書としてキリストを証する書となる。聖書の奥義を理解するには信仰が求められるということである。パスカルも重吉も聖書を読み込んでいる。パスカルも重吉も自らの獲得したキリスト教信仰を、パスカルはキリスト教弁証家として文章に著し、重吉は詩という表現形式で表現しようとした。

病気と信仰の葛藤

重吉は結核という病気をどのように受け止めていたのであろうか。信仰とどのように折り合いをつけていたのであろうか。重吉のキリスト教信仰の核心にかかわる問題である。

重吉は富永徳磨から洗礼を受けている。富永徳磨の信仰理解（神学）からは「救い」とは「神人合一」にある。「我々が志を立て、神に近づこうと祈って居れば、神は上より我々に近づき、耶蘇基督の感化は我々の罪のために重く沈むで居るものを、薄紙のやうに吸い上げて仕舞って、高い天に携え行きて、神の所に移し、神の子供の姿に達せさせてくれる」（富永徳磨「精神の登高」、『基督会』第八巻第九号、一九一七年九月）。キリストは我々の模範であり、その感化を受けて、キリストに似る者となっていくことが救いであるという理解である。救いは与えられるものではなく、キリストに従うことによって獲得していくという理解に近い。キリストの教えを守り、キリストに従う生活（信仰生活）を通して、清められ変えられていくことが救いの証とされる。

富永の信仰理解からは、重吉の病気という事実は救われていないことの証となり、重吉の信仰は不十分であることを示すことになる。しかし、癒されれば、それは信仰の勝利であり、重吉が救われていることの証となるであろう。重吉は、当然、癒されることを祈り求める。主イエスにすがり、癒されることを信じようとする。

信仰

基督は
病める者を癒したまふた
信ずるゆえに癒したまふた
私がもし癒えないなら
私の信仰がうすいのである
私はただひとすぢに基督を信仰しよう
かすかにではあるが
お前が全く信ずるときお前は癒る

こう言ってをられる基督の姿と声がきこえる
基督が私を見てゐて下さる以上
この病が一つの試みでない筈がない
基督が私を見てゐて下さる以上
この病が信仰によって癒してもらへぬ筈がない
私は一生懸命に
この病気を癒して下さると信じかつ祈る
基督が癒して下さると信じないこそ罪である（「欠題詩群」、前掲書、二八六頁）

しかし、現実はそうならない。重吉は、自分が本当に救いを受けているのかと疑い、不安になり、もっと信じなければと自らを励ますことを繰り返す。一方で重吉は信仰に関しては誰にも負けないという自負があった。「キリスト体験」がそれを支えていたと考えられる。

富永の教えの信仰理解では、重吉は行き詰まり、苦しくなるばかりである。そのような状況下で、重吉は詩を書くことによって自らの信仰を問い、確かめ、深めている。詩を書くということは、重吉にとっては、祈りであり、信仰を確かめる行為である。

贖罪信仰へ

重吉は内村鑑三の影響を受け、聖書から明確な贖罪信仰を受け止めていた。贖罪信仰とは、救いは、受ける側の私たちに何らかの資格があるのではなく、イエス・キリストが罪ある私たちの受けなければならない神の裁きを身代わりに受け、私たちの贖いとなってくださったゆえに救われる、という理解である。キリスト教の正統的な中心の教えである。救いとは、神からの一方的な恵みである（エフェ二・八―九）。

重吉は贖罪信仰への明確な理解を持つことにより、その点では、富永の教えを乗り越えていた。しかし、贖罪信仰を持っていても、病気から癒されることを願うことは変わらない。重吉にとって、病気が癒されないということがキリストへの信頼を弱めることに少しもなっていない。むしろ、キリストの慰めをより深く、より豊かに身近に受け止めることになっている様子がある。

信仰詩篇（一九二六年二月二七日編、前掲書、二五七―二七六頁）から

病気すると
何も欲しくない
この気持にひとつのものも混じへず

基督を信仰して暮らそう

信仰

基督を信じて
救われるのだとおもひ
ほかのことは
何もかも忘れてしまわう

基督

病気してゐると
基督の言ったことに
ひとつも嘘がないとおもへてくる
にこにこしながら
すぐにものを切り下ろせると思へてくる

以下、「病床ノオト」(一九二六年三月―一二月、前掲書、二九一―三二四頁)より

声

お前が癒してもらへるとさへ思へば
すぐにお前をなほしてやる
こういふ声がかすかにきこえます

感謝

私は幸な人《ひと》だ
信仰が弱《よわ》ければ
神が私に病をくだすった
そしてまっすぐな見方をおしへて下さる
わたし今死んでも満足ですと云ふ妻がある
桃子と陽二がゐる
自分はいままでの生だけとしても福な生をうけたのだ

酒

耶蘇が
そっと手をふれたら
水が酒になった
そして婚礼の席がにぎやかになった（奇跡の詩が数編）

奇跡を行われたキリストに不可能なことはない、キリストの御心次第で重吉の病気も癒されると信じている内容の詩である。

春（天国）

天国には
もっといい桜があるだらう
もっといい雲雀がゐるだらう
もっといい朝があるだらう

つきとばされて宙にぶら下り

キリストと二人ぎりになったと思ったことは無いか

何はともあれ
私は死ぬる瞬間まで
生《い》きる！　といふ努力を捨てない

私は一人のヤソ教徒
それの外はなんでもない
なんにも無い――オーッ　寒ム

重吉の信仰の正統性に驚く。キリスト教信仰の核心を捉えている。富永徳磨、内村鑑三の説教、著作に触れているが、いわゆる神学的な学びをほとんどしていない。富永の影響をまともに受ければ、正統なキリスト教信仰から外れた理解になってしまう。一時期、確かに重吉は富永の教えをまともに受け入れたのであろうと考えられる。それだから、富永から洗礼を受けたのだと思われる。

しかし、結核という病気と格闘せねばならない苦しい体験が富永の信仰理解ではなく、内村の信仰理解に導いていったと言える。直感的に富永の信仰理解では救われないということを受け止めたのではないかと思う。ただ、キリストと一つとなり、キリストを内側から捉えたいという姿勢は富永の神人合一の信仰に影響を受けたものではないかと、と考えられる。

聖書を内側から捉えたいと聖書そのものを学ぶことの結果、贖罪信仰に至ったと考えられる。重吉が聖書をよく読んでいたことは確かである。重吉は、聖書から直接に読み取り、理解し、信仰を形成していったと言うべきであろう。愛読用の聖書に傍線や書き込みがびっしりと書かれていたと聞く。重吉は自らの体験を根拠に、信仰を反芻し、確かめ、深めている。そして、自分が理解し、獲得したことを詩に書き綴っている。重吉のそのような姿勢は、聖書の教えを自らの生き方に試して確かめるという内村の姿勢に通じている。内村はそれを「実験」と言った。

空しいものだ
要するにむなしいものだ
基督の眼から見ぬことができぬなら
私にとって何もかもつまらぬ（「欠題詩群」推定一九二六年以降、前掲書、二八一頁）

再び、病気と信仰の葛藤

重吉は、率直に自分の信仰理解を詩に表現している。結核という病気に関して、直接そのことに関連する詩を多く残している。重吉が自分の結核という病気をどのように受け止めていたのか、そして治らなかったという事態をどのように受け止めたのか、重吉の詩から読み取ることを試みたいと思う。

重吉の晩年の詩、すなわち病気床ノオト「ノオトA　一九二六年三月一一日（春）」以降の詩から考える。重吉は、一九二七年一〇月二六日午前四時三〇分に亡くなっている。
以下に、病気を意識して書かれた詩を挙げたい。

ノオトAから（一九二六年三月一一日、前掲書、二九一―三〇三頁）

声

お前が癒してもらへるとさへ思へば
すぐにお前をなほしてやる
こういふ声がかすかにきこえます

いたづらに死を怖れるのは
神に対する不信であって　それは罪だ

私はくるしい
私は怖ろしい
私は自分がたより無い
私は基督に救ってもらいたい

それが最后のねがひだ

これ以上の怖れがあらうか
死ぬるまでに
死をよろこび迎へるだけの信仰が出来ぬこと
これにました怖れがあろうか

私は何のために生きてゐる？
私はなにをもがいてゐる？
私はなにをもとめてゐる？
私のもとめてゐるものが空虚であったら！
私のもとめる力が要するに足りなかったら！

重吉の信仰に結核の病気が深刻な影響を与えていることを読み取ることができる。死に対して、いつ死んでも良いのだと言っては、このままでは死にきれない、と重吉の揺れ動く思いが表現されている。どうしても自分の信仰の不徹底と結びつけざるを得ず、信仰による救いを疑う思いを吐露するような詩もある。

ノオトDから（一九二六年六月、前掲書、三一七頁）

在天の神よ
この弱き身と魂をすくひて
神とキリストの光のために働かせて下さい

ノオトEから（昭和元年［一九二六年］一二月、前掲書、三二〇―三二二頁）

肺患者は　死を怖れぬ
むしろ死の苦しみを怖れる
否　死にいたる迄の近親者への済まない心に充たされる
否　児と妻への永い〳〵惜別を怖れる
否　尚心澄む日は
神と人々とに負ふ責務を果さなかった弱さに胸がふさがる

何はともあれ
私は死ぬる瞬間まで
生《い》きる！　という努力は捨てない

后々の悲惨事を見まい為めに　自分で死ぬ様な事はせぬ

重吉は病気が治ることへの希望を最後まで捨てず、生きる努力を止めず、どこまでも癒しが行われることを祈っている。しかし、癒されることはなかった。重吉は病気が治らないことを、どのように受け止めていたのであろうか。癒されないのは、自分の信仰の不十分なことにあるのではないか、結局自分は救われていないのではないかという迷いや葛藤があったことは確かである。しかし、迷いを詩に率直に表現すると、キリストの恵みの十分さを確認し、自分を励ます。そのことの繰り返しである。

しかし、死を覚悟せざるを得ない状況で信仰の不十分さを認めても、重吉の信仰自体が決して揺れ動いているわけではない。救いの確信はその都度確認されている、決して揺らいでいないことを読み取ることができる。

なぜそう言い得るのか、それは信仰とはそういうものだからである。信仰と祈り、そして祈りの結果に関して、聖書はどう教えているのか、詩編の二六編、二七編、二八編から学ぶことができる。

詩篇二六―二八篇は、それぞれ主の家について歌っている。二六篇では、主の家に向かう礼拝者が、神の求めである誠実さ（詩篇一五篇および二四篇参照）を満たしているかが吟味され、最後の節では近づくことを許されて喜ぶ。二七篇では、礼拝者は主の家を敵からの避難所、顔と顔を合わせて神を見る家と見ている。二八篇では、自らの願いを公にして、哀願する者として両手を至聖所に向かって伸ばし、そして答えを受け取っている（デレク・キドナー『ティンデル聖書注解　詩篇一―七二篇』橋本昭夫訳、いのちのことば社、二〇一三年、一六四頁）。

詩編二六編では、誰が礼拝者としてふさわしい者であるか、が主題である。「主よ、あなたの裁きを望みます。わたしは完全な道を歩いてきました。主に信頼して、よろめいたことはありません。主よ、わたしを調べ、試み、はらわたと心を試してください」（一、二節）と、詩編の作者は歌います。ただし、「完全な道」（一、一一節）とは、完璧という意味ではなく、主に寄り頼み、二心のない誠実さを意味する。そういう者が主の御前に進み出ることのできる者である。

そして、詩編二七編では、苦しみのただ中においての救いの核心は主との親しい交わりであることが主題である（四―六節）。どんなに苦難の中にいようと、恐れる必要はない。「あなたはわたしの助け。救いの神よ、わたしを離れないでください。見捨てないでください」（九節）と祈り、主は決して見捨てることはなさらない、と信仰の核心が歌われている。

さらに、詩編二八編では、聖所に向かって祈ったことの確かな喜びは、「主がわたしの力、わたしの盾」（七節）であることの確認であるということが主題である。苦難からの救いへの確信は主との内的交流によって与えられる。そして、苦難からの救いの体験は主との内的交流がさらに豊かなものとなる（六―七節）。

さて、重吉の詩に以下がある（「ノオトA」、前掲書、三〇五頁）。

私は
自分の貞潔にたいして
処女のごとくきびしくまたはげしく努力してゐる
私は真に全力をつくしてゐる
私はその努力といふ点について
神の前であきらかに云へる
私の努力を万一神さまが認めて下さらぬときでも
私は自分の最全をつくした安心をもって神のさばきの前にたてる

これは、詩編二六編に対応する内容と読み取れる。しかも、そう言い切っている重吉の強い信仰の姿勢が表わされている。重吉には、「キリスト体験」に裏打ちされた神との親しい交わりがあった。それにもかかわらず、疑いを口にし、嘆いている姿がある。しかし、それは神を信じているがゆえの行為なのである。

信仰の確信と嘆き祈ることの関係

信仰とは固定化したものではなく、絶えず揺れ動くものである。固定化するとそれは信念（信条）

となる。信仰と信念は根本的に異なる。信仰は、神との人格的な関係であり、生きているものである。主に信頼して、心を注ぎ出し、祈ることが、「主の道」（信仰の道）を歩むことである。

詩編二七編一三節を、どう理解するか。ヘブライ語本文は「もし……でなければ」という語で始まっている。旧約聖書の思想と合わない、疑わしいと考えられて、新共同訳では、「わたしは信じます、命あるものの地で主の恵みを見ることを」のような訳文に変えられている。しかし、ヘブライ語本文を生かして、新改訳は「ああ、私に、生ける者の地で主のいつくしみを見ることが信じられなかったなら」としている。祈ったことが実現しないこともあると認める内容である。

主への嘆願が、かなえられないこともあり得ると受け止めるべきなのか。かなえられるか否かは、信仰の重大事項ではない。救いの核心は神との信頼関係である。神との平和がなっており、神の御もとで平安を得ていることである。信仰の本質は神との人格的交わりにあることは旧約・新約聖書に一貫している。

さらに、新約聖書の救いは、この世の世界を超えて成り立っている。天国（永遠の世界）に入れられることで救いがなるのである。天国は神との交わりが豊かに実現しているところである（ヨハ一七・三、フィリ一・二一、二三、ヘブ一一・一三―一六、ロマ八・三八―三九）。

重吉の信仰の確信と救いを求める祈りは矛盾しているのではなく、信仰の確信が祈ることをさせているのである。最後の最後まで嘆願するのは、信じているゆえの行為なのである。神との人格的交流を得ている証しである。主に信頼し、委ねれば良いのであって、祈ることは必要ない、あるいは祈ることは無駄である、と考えることは信仰を信念や信条と取り違えているのである。

重吉の信仰は結核という病気を癒すほどのものではなかったので、重吉の信仰は不完全なものであった、と言うことは、信仰を理解していない者の言説である。重吉は、結核が癒されることを最後まで祈り続けながら、一方でそうならないことをも冷静に見つめている。どこまでも、重吉は信仰の視点は徹底して充実している。

没後発表詩（原稿散佚分）　昭和三年四月雑誌「生活者」に発表（『八木重吉全集第二巻』筑摩書房、二〇〇〇年、三六三頁）

神よ
つかれ
また
伏し
力なく
されど
神にのみすがらんと
味気なく
人にも交らず
語らず

いつの日か
いつの日かと
あきらかなる日のみまつなり（一九二五年一二月三―八日）

今は分からなくても、かの日にキリストと会いまみえる時には、確かに知ることになる。この世に最終の結論があるのではない、という信仰者の眼差しである。

わたしたちは、今は、鏡におぼろに映ったものを見ている。だがそのときには、顔と顔を合わせて見ることになる。わたしは、今は一部しか知らなくとも、そのときには、はっきり知られているようにはっきり知ることになる（一コリ一三・一二）。

3　ヨブ記注解私論

応報思想が間違っているということはないであろう。それに見合った応報があることは、我々の経験するところである。問題は苦難といわれる事柄について応報思想では説明がつかないということである。

不条理な苦難を経験させられるときに、我々はその原因や理由を問うことをする。そして、当然のように他者との比較において考える。なぜ他者ではなく私なのか、納得のいく答えを得ることができないで、我々はさらに悩む。

また、応報思想を動員して人生を振り返ることをする。しかし、やはりこれだけの苦難を経験させられることに納得が得られない。まさしく人生の不条理に悩む。説明のつかないところに苦難たるゆえんがあると言わざるを得ない。

しかし、これは正義の神を信じる者にとって、由々しき問題となる。神を信頼し、誠実に生きてきたと思う者にとっては、納得がいかない。何としても、答えを得たいと呻吟する。そして、自覚していないが神のみ心に反した罪が原因であるに違いないと応報思想を甘受するか、神など存在していないのだと信仰を放棄するか、のどちらかの選択となろう。

ヨブは不条理な過酷な苦難を経験させせられた。「ヨブ記」は、信じてきた神がこのような不条理な苦難を下されることに納得のいかないヨブが、神に理由を尋ねる物語になっている。ヨブは神に執拗に答えを求める。ヨブの友人たちはヨブに罪を認めさせ、何とか悔い改めさせようとする。ヨブの友人たちの一貫した論点は、応報思想を前提にしており、ヨブがそのような苦難を受けたのは、それに見合う罪を犯したに違いないと考え、ヨブに悔い改めを迫る。しかし、ヨブは応報思想に納得がいかない。どこまでも神に答えを求める。

ヨブは神の存在を疑うようなことは決してしない。どこまでも神に対して答えを求める態度を貫く。しかし、神の存在を認めるヨブであっても、神の理不尽さを非難し、そんな神を信じることを止めるという結論に行き着くことはあり得るであろう。それは、まさしくサタンの思うつぼである（ヨブ一・一一、二・五）。しかし、「ヨブ記」の結論は、我々の期待する結論とは異なる。ヨブは苦難に対する神からの正当な解答を聞くことなく、神の圧倒的な力に屈して悔い改める物語になっている。

理屈の通らない結論であると非難する読者が多い。果たしてそうか、ヨブが経験した不条理な苦難に対して神は全く答えていないか、「ヨブ記」を再考してみたい。

ヨブ記緒論

「ヨブ記」という表題は、ヨシュア、ルツ、エズラ、ネヘミヤ、ダニエル、エステルなどと同じように、主人公の名称をそのまま表題としたものである。ヘブライ語聖書の三区分では、「諸書」とか「聖文書」と呼ばれる部分に位置している。

また、「ヨブ記」は、箴言、コヘレトの言葉などと共に「知恵文学」と呼ばれる。古代近東の文学に知恵文学というジャンルがあり、その関連でそう呼ばれるようになった。知恵文学とは、教えという性格を持つ一連の文書を意味する。いわゆる「教訓集」など、生活原則や行動規範のなどを扱った一連の文書である。また、さまざまな文学類型（例話、論争対話、法廷の弁論、嘆き、賛美など）から構成された文書も知恵文学と分類される。箴言は前者の分類に、「ヨブ記」は後者の分類に入ると言える。

「ヨブ記」の著作年代を捕囚期または捕囚期後の早い時期に想定する学者は、「ヨブ記」にイスラエル民族の運命が反映しているとする。ヨブの理由のない苦難という体験に民族の苦難体験を重ねようとする。「イザヤ書」における苦難の僕の場合と同様、「ヨブ記」は民族の苦難をアレゴリカルに表現したと考える。

しかし、「ヨブ記」は歴史的民族的な制約を超えて、文学という形態をとりつつ普遍的な問題を扱っていると言うことができるであろう。「ヨブ記」を人生の苦難の問題を主題とした単なる教訓的文書であるとすることは適当ではない。問題が客観的に扱われており、教訓的な教えが明確に描かれているとは言いがたい。むしろ問題を客観的に扱っているというのではなく、特に詩文体の部分では、苦難の只中にいる者の嘆きや叫びが主観的に生き生きと表現されている。すなわち、「ヨブ記」は文学作品であるということができる。文学作品としての「ヨブ記」から何を読み取るかは読者に委ねられることになる。「ヨブ記」の解釈は読者がどう読むかということにかかっているとも言える。

「ヨブ記」の解釈の難解さは文学作品であるということによっている。文学ということの特質は、現実の経験に依拠しているということであり、読者も自分の経験に重ねて考えることができ、読者によってさまざまに解釈が可能であるということになる。主題をいかに読み取るかに関して、読者の思想的前提、経験、感受性なるもののすべてが影響を与える。その違いによって、今までも、全く正反対の解釈がなされてきたと言うべきである。「ヨブ記」は戯曲のような描かれ方になっている。序幕としての舞台設定すなわち枠組みの物語、ヨブと友人たちの詩文形式の論戦、そして神が登場して結末に達し、終幕に至るという展開になっている。特に、結末の解釈にさまざまな見解がある。

水戸無教会の集会で、一年以上、月に一度「ヨブ記」が取り上げられて学ぶことができた。その学びの場で、「ヨブ記」を丁寧に読む機会を得ることができた。そして、その学びの最中に、「ヨブ記」注解の私論を考察するに至った。

物語の大筋

「ヨブ記」の物語の大筋は以下のようである。

天上界において、神はヨブが忠実であること、信仰の篤いことをサタンに誇った。するとサタンは、ヨブは自分に利益があるから信じているのであり、ヨブの財産と家族を奪えば神を呪うであろう、と疑いを陳べた。神はサタンにヨブを試みることを許した。ヨブがこの試みに耐えると、今度はサタンはヨブの「骨と皮に触れれば神を呪うにちがいない」（五節）と唆した。神がサタンの二度目の申し出も承認すると、サタンはヨブに恐ろしい皮膚病に罹らせた。

ヨブは灰の中に座り、素焼きのかけらで体中をかきむしった。ヨブの苦しみを見かねた妻までがヨブを見放したが、ヨブは「わたしたちは、神から幸福をいただいたのだから、不幸もいただこうではないか」と言い、神への従順を極限まで示した。

そこに三人の友人（エリファズ、ビルダド、ツォファル）がヨブを見舞い、慰めようとやって来たが、ヨブの姿を見ると塵を頭からかぶり衣を裂き、七日七晩、ただヨブと共に地面に座った。

するとヨブは突然、自分が生まれてきたことを呪い、神が死を与えてくれるようにと願い始めた。神への抗議者へと変貌する。三人の友人たちは応報思想を盾に、ヨブの苦難には相応の原因があることを説き、悔い改めるように迫る。いわゆる苦難を認めない論陣を張る。ヨブと三人の友人との論争はすれ違い、ヨブは自分の正しさを最後まで譲ろうとしなかった。自分が被っている不条理な苦難は神の正義に関わる問題であると、神に直接答えを求め続ける。いっこうに答えることをしない神に対して、ヨブは自らの潔白を主張し、自分への告訴状の提出を求め、対決の姿勢を崩さず、挑戦的な独白で締めくくる。

ここで、これまで姿を現さなかった年若いエリフが登場する。自分を正しいとするヨブに対する、またヨブに適切な反論を示せなかった三人の友人たちに対する怒りが弁論を始めさせた。エリフは神の絶対優位性を説き、神は人に一時的に苦難を経験させられることがある。それは神の教育的手段であるとする考えを説く。

この後、神が、突然、嵐の中からヨブに答え始める。しかし、ヨブの不条理な苦難について直接答えるものではなく、神の創造のパノラマを描いて見せ、神の偉大さと人間の卑小さを徹底的に示し、神の経綸を暗くする者は誰かとヨブを責める。それに対して、ヨブは「今、この目であなたを仰ぎ見る」と言い、悔い改める。

さらに、神は三人の友人たちに、「お前たちはヨブのようにわたしについて正しく語らなかった」として、ヨブに執り成しをしてもらうように命じる。ヨブが友人たちの執り成しを行った後、ヨブは前にもまして神からの祝福を受けた。


以上が「ヨブ記」の大筋である。

この物語の収束の仕方に異議を申し立てる人たちがいる。神よりもヨブの方に正しさを見出すという立場からの批判である。心理学者のユングもその一人であろう。ユングはヨブの懺悔の言葉を神に対する面従腹背のポーズと理解する。神を人間以下であると見抜いたヨブは、「無抵抗の受容という治療法」を試みて、神を鎮めたのである、とする（『ヨブへの答え』林道義訳、みすず書房、一九八八年、三五頁以下参照）。

本当に、神はヨブの問いに全く答えていないのか、ヨブの問いを全く無視しているのか、検討してみたい。

ヨブ記三章の理解

ヨブ記三章の解釈について、並木浩一は以下のような注解をしている。

ヨブ記における神義論は、ヨブが神義論を成り立たせない態度を取った枠物語においてすでに開始しています。三章以降のヨブの態度との比較で言えば、一―二章は、いわば裏返しされた神義論です。三章におけるヨブの嘆きは、法外な苦難に遭った人物の発言としては理屈に合っています。と言っても、ヨブが理路整然と神に抗議の言葉を並べるわけではありません。彼は、自己の誕生の日の取り消しを、死を願い、これとメタファー関係に置かれる創造世界の混沌への回帰を求めます。死者の安らぎに向かって想像の翼を馳せます。このヨブの最初の言葉が、想像力を駆使することなしに、人が神について語り得ないことを示唆しています。もちろん、ヨブは想像力を否定的に働かせます。闇の力が世界を回収することを願うために用いられるイメジリーは、日を呪うことのできる者、原始の怪獣レビヤタンを目覚めさせることにまで及び、凄みを帯びています。想像力は、精神の眼を人間の限界を超えて飛翔させる力なのです（並木浩一『「ヨブ記」論集成』教文館、二〇〇三年、一四七頁）。

「ヨブ記」三章のヨブの主張と三八章以下の神の応答は主題的な呼応関係にある、と言える。三章のヨブの嘆きと三八章以下の神の弁論とが、四章から三一章まで（ヨブと友人との対論とヨブの回想・潔白の誓い）を囲い込む構成になっている。ヨブに対する友人たちの批判的な弁論は四章のエリファズの弁論から始まる。友人たちの弁論は二五章のビルダドの弁論で終わる。友人たちの弁論は八回に及び、その後にヨブの最後の弁明が続き、エリフの弁論が挿入されている。その内容は苦難の神義論についてである。その後、神の応答が続く、という構成になっている。

しかし、三八章からの神の応答は、神義論を全く無視したかのような内容になっている。四章から三一章のヨブと友人たちとの論争がなかったかのような神の応答になっている。神義論の論争を見守ってきた読者にとっても、納得のいかない、不合理な神の応答であると考えることになる。これは、「ヨブ記」三章のヨブの主張と呼応関係にあることに原因があると考えられる。ヨブの経験したのが苦難であると言い得るのは、序幕の枠物語でヨブが正しい人であると設定されている（認められている）からである。したがって、神義論に対するヨブの主張は正当であることになるであろう。ヨブにとっての問題は神義論というより神の経綸の問題である。ヨブは神の主権（経綸）への疑いが生じ、悪の勢力が支配を及ぼしているのではないのかと危惧している。そのことへのヨブの強烈な恐れが三章の内容になっている。三八章以下の神の応答はそれに答えるという内容になっているので、神義論と関係ない内容になっていると考えられる。

ヨブの恐れ

ヨブは突然激しい嘆きの言葉を語り始める。その内容は、自分の生まれた日を呪うことから始まっているが、この世界が道徳性に根拠づけられておらず、現実世界が意味を失っているのではないかと嘆くというものである。

そして、「ヨブ記」三章の独白の締めくくりは、「恐れていたことが起こった。危惧していたことが襲いかかった。静けさも、やすらぎも失い、憩うこともできず、わたしはわななく」(三・二五―二六)という強烈な恐怖の表現となっている。

並木はヨブの恐れの理由を以下のように解説している。

世界の意味喪失こそは、ヨブの最も深い恐怖であったと思われます。……ヨブの独白を締めくくるこの言葉は、ヨブがいきなり最も深い精神の危機に襲われたことを示唆しています。ヨブが、この世界は非道徳であり、それ以上の意味はないのだ、との認識に達したとすれば、彼が恐れる必要はないでしょう。ニヒルな世界に直面し、それに耐えるか、逃避を選ぶか、何らかの生き方があるでしょう。……ヨブの思惟と行動を見る限り、彼は世界の根底には道徳性があるとの立場を選んでいます(並木浩一、前掲書、一五三頁)。

並木のヨブの恐れの理解は以下のように考えることができる。ヨブの世界観はこの世界に道徳性を認める、すなわちこの世界は秩序に支えられているというものである。しかるに、ヨブは不条理な苦難に襲われて、この世界が非道徳であるかのような現実に直面させられ、世界の意味を喪失するという精神の危機に瀕した恐れであるというものである。

注解私論

「ヨブ記」三章の冒頭は、「やがてヨブは口を開き、自分の生まれた日を呪って、言った」と始まる。それを受けて、こんな理不尽な苦しみを経験するなら、生まれないほうがよかった、今すぐにでも死を望む、ということを詩的な表現を駆使して言及している、とされる。

しかし、ここには謎めいた表現や言葉が使われている。「闇となれ」（四節）と「レビヤタン」（八節）である。それを受けて、神の応答に、「べヘモット」（四〇・一五）、「レビヤタン」（四〇・二五）が登場することになるのである。

関根正雄は、神の応答は神が人間の関与できない世界の主であることを証示しているとする。人間の関与できない世界の極致がカオスの象徴である原始の怪物である。第二回目の神の応答はそれに言及している。この原始の怪物はべヘモットとレビヤタンで、関根は「かば」と「わに」と訳し、読者には想像の対象でしかないナイル川に生息していた、人の手に負えない獣がモデルになっているとする。これらの獣が悪の象徴であることは、それらを制圧する神の図像が古代エジプトにおいて好まれて描かれていることからも知れる、としている（関根正雄『ヨブ記注解』新地書房、一九七〇年）。関根も、神は自らが世界の主であることを、読者が想像することもできない怪物を引き合いに出し、それをも支配しているということで示そうとしている、ベヘモットやレビヤタンは神の支配がそのような怪物まで及んでいることを示すために引用されているにすぎない、という理解である。

以下は、筆者の「ヨブ記」注解私論である。

「闇になれ」という表現は、宣言であり、そうなることを願っている表現である。ヨブはいっそのこと、闇の力が世界を覆うようにと言っており、すなわちヨブは世界が混沌に帰せられるようになれと願うのである。レビヤタンを呼び起こす力のある者が、すなわち悪の力を自在に及ぼすことのできる者が台頭すればよいのだ、と言ってしまっているのである。

そして、ヨブはそう言ってしまって、そのようになってしまっていることに気づいたと言うべきである。本当に、大変な状況になってしまっていることに気づいた。神以外の悪の勢力が力を及ぼしていることを洞察した。ヨブは天上界のやり取りに関しては知らない。しかし、そのことを洞察したようにも考えられる。神ではない、別の勢力が自分に臨んでいる。そんなことを神はなぜ許されるのか、神は自分を見捨てられたのではないか、それがヨブの苦悩と恐怖の実体である。「恐れていたことが起こった、危惧していたことが襲いかかった。静けさも、やすらぎも失い、憩うこともできず、わたしはわななく」（三・二五—二六）。

ヨブが執拗に神からの直接の応答を求める態度は、そこに起因している。「ヨブ記」四章から三七章の友人たちとの論争のすれ違い、エリフの苦難の意味の主張を、そのような観点から検証することの意義が大いにある。

三八章以下の神の応答は、世界創造のパノラマを展開し、神の世界創造への経綸を語ることから始まる。これはヨブの問いを無視したのではなく、まさしく答えているのである。

この世界には神の創造の秩序が成り立っているということを示している。特に、神の第二回の応答に、唐突にベヘモットやレビヤタンが出現する。ヨブが神に対抗する悪の勢力の象徴と考えていた古代の怪物である。それらも神の統治下にあることを主張している内容になっている。明らかに、ヨブの言及（三・八）に答えている。

このことは天上界において、サタンがヨブに苦難の試練を与えることを、神が許可したことに言及しているのである。神の許しがなければサタンも活動できない。ヨブを襲った苦難は、神が承知しているものである。神のみ心であることに言及している。

悪の勢力がヨブに支配力を及ぼし、破滅に導こうとしているように思えて、納得がいかず、神の不在を経験させられても（二三・二―九）、神の経綸を認め、神を畏れること（一・八、二・三）を、ヨブには求められていたのである（ヘブ一一・六）。

神の応答が一方的に迫力をもって語られていることにも意味がある。そのように語ることによって、ヨブの恐れを除くことができる。ヨブは説明され、説得されても納得できるものではないであろう。しかし、納得できないことであっても正論なのである。ただ神の経綸として受け入れるほかないものである。不条理であっても、神を信頼することが求められている。不条理と神のみ心という相反し、矛盾することを受け入れなければならない。それが、ヨブに求められていることである。

まさしく演劇的文学的手法を用いた神の応答の描き方である。このように一方的に神の経綸を宣言する神の応答であったからこそ、ヨブは自分が神のみ手のうちにあることを了解することができたと考えられる。

まとめ

知恵文学である「ヨブ記」理解は、読者の思想的立場、経験、感受性によって異なることになる。信仰や宗教に懐疑的な立場からは「ヨブ記」ほど非難の対象となりやすいものはない。何の解決もない、理不尽な神に一方的に屈服する人間の卑屈さが表現されていて納得できない、というものになる。しかし、クリスチャンの立場からは、神と人間との関係の理屈を超えた奥義が表現されていると理解する。クリスチャンは不条理な苦難を経験させられることへの何らかの解答を求めて、「ヨブ記」を読む。内村鑑三の理解もその一例と言える。

……しかし解答は与えられずして与えられたのである。実に神を信ずる者の実験はこれに外《ほか》ならぬのである。苦難の臨みし説明は与えられざれど、大痛苦の中にありて遂《つい》に神御自身に接することが出来、そして神に接すると共にすべての懊悩《おうのう》痛恨を脱して大歓喜の状態に入るのである。ただ神がその姿を現わしさえすれば宜いのである。ただ直接に神の声を聞きさえすれば宜いのである。それで疑問は悉く融《と》け去りて歓喜の中に心を浸すに至るのである。その時苦痛の臨みし理由を尋ねる要はない。否《いな》苦難そのものすら忘れ去らるるのである。そしてただ不思議なる歓喜の中に、すべてが光を以て輝くを見るのみである」（『ヨブ記講演』岩波文庫、二〇一四年、一四一―一五頁）。

しかし、あくまでも個人的に受け止めるべき内容であって、一般化して、このように受け止めるべきであると主張することはできないであろう。信仰とはそういうものである。告白なのである。信仰とは、神との個人的な関係である。そこに信仰告白の表現方法としての「知恵文学」の意義がある。シモーヌ・ヴェーユの言葉を紹介したい。

人生の大きな謎は苦しみではなくて、不幸である。罪のない人が殺されたり、虐待されたり、追放されたり、収容所や独房で悲惨な生活や奴隷状態におとされたりすることは驚くにあたらない。そういうことをするような犯罪者がいるからだ。病気によって、生命が麻痺して死のかたどりをつくり出すような長い苦痛があることも、驚くにあたらないことだ。なぜなら自然性は機械的な必然の盲目のはたらきに従うからだ。けれども不幸が罪のない人の魂そのものをとらえて、至高の支配者として魂をつかんでいるように、神が不幸に力をあたえたということは、驚くべきことだ。

不幸はしばらく神を不在にする。死人よりも不在であり、真暗な独房の光よりも不在である。一種の恐怖が魂全体を浸す。この不在の間には、愛すべきものはない。恐ろしいのは、愛すべきものがないこの闇の中で、魂が愛することを止めると、神の不在が決定的になることだ。たとえ魂の無限に小さな一部でも、むなしく愛すること、あるいは愛そうと欲することをつづけなければならない。そうすれば、ヨブの場合のように、いつか神はその魂に御自身をあらわして、世界の美しさを示してくださるだろう。けれども魂が愛することを止めれば、この世にありながらほとんど地獄に等しいところに落ち込むことになる（シモーヌ・ヴェーユ『神を待ち望む』渡辺秀訳、春秋社、一九九八年、八三―八四頁）。

信仰とは何なのか。信仰とは、理性的な判断を超えたところの、パスカルの言う「賭け」としての決断であろう。しかも、決断し続けることが求められる。苦難のただ中で、神への不信、神の不在を経験させられても、なお神を仰ぐことを止めない、神への信仰に決断して立ち続けるということである。まさしく、そのことが「ヨブ記」のテーマである。

最後に、神がヨブを以前よりも祝福したことをどう考えるのか、に言及したい。「ヨブが友人たちのために祈ったとき、主はヨブを元の境遇に戻し、更に財産を二倍にされた」（四二・一〇）とある。この部分は、序幕の枠組みの物語に対応している終幕の枠組みの物語に位置している、と考えることができる。ヨブへの神の祝福を描いている。しかし、これはヨブが求めたことではない。「神から幸福をいただいたのだから、不幸もいただこうではないか」（二・一〇）というヨブの言葉はそのことを言い表している。ヨブが求めたことは神の応答である。結果として与えられたこの祝福は、神からの一方的な恵みであると言うべきである。

その意味するところを以下のように読み取ることができるであろう。

「元の境遇に戻す」、すなわち以前の状態に回復させられたということが、まず言われている。さらに、苦難を耐えたことへの祝福として、財産を二倍のされたということであろう。ヨブの名誉が回復されたことを効果的に描き、ヨブが正しかったということを人々に示すという意義がある。そして、「神を畏れ、悪を避けて生きること」（ヨブ一・八）は、神の祝福を受けるということを改めて示しているのであろう。「振り出し」に戻ったことを示していると読み取ることもできる。この物語の終わり方は、「知恵文学」の手法を「ヨブ記」が用いていることを示している。

あとがき

これまで書いたもののいくつかを、このようにまとめることができたことを感謝している。振り返ると、生徒・学生達に信仰の内実を理解してほしいと願って、書いたものである。それができていたかどうかと考えると、不十分であると反省している。これからも信仰の実存的理解を掘り下げ、これからは学生が理解できるように書きたいと願っている。

定年退職後、生活のあり様の変化、精神的な緊張のほぐれによって、生活のリズムを崩し、体調を悪くした。家庭菜園の土起こしの作業中に、突然、狭心症のような不整脈が生じ、心臓の具合が悪いことが判明した。あと何年生きることが可能なのか、残りの人生をどのように過ごすべきか、主は何を望まれているのか、を考えさせられた。

そこに、思いがけなく、二〇一五年四月から、非常勤講師として、茨城キリスト教大学でキリスト教概論を担当することを依頼された。このようにまとめることが、そのことの準備になっていて、感謝なことであった。

さて、本書は以下の初出原稿に一部修正加筆したものである。

初出一覧（いずれも茨城キリスト教学園高等学校紀要『新泉』）

・「イエスとの実存的出会い　ザアカイの場合」第二六号（二〇〇一年七月一六日）
・「イエスとの実存的出会い　悪霊に取りつかれた人物の場合」第二九号（二〇〇五年七月二一日）
・「イエスとの実存的出会い　サマリアの女の場合」第二二号（一九九八年七月一八日）
・「イエスとの実存的出会い　中風の人の場合」第三〇号（二〇〇六年七月二一日）
・「イエスとの実存的出会い　ニコデモの場合」第二七号（二〇〇三年七月一九日）
・「思春期と宗教性」第三七号（二〇一三年七月二二日）
・「八木重吉の信仰」第三三号（二〇〇九年七月一八日）
・「ヨブ記注解私論」第三六号（二〇一二年七月二一日）

小林秀雄が講演「現代思想について」で、ベルグソンの『物質と記憶』について語っているところがある。その中に「釘と外套（衣服）」の話が出てくる。これは「第七版への序文」に、ベルグソンが書いていることである。「衣服とそれを掛ける釘とのあいだにも連帯はある。なぜなら、釘を抜くと衣服は落ちるからだ。しかし、だからといって、釘の形は衣服の形を素描している、もしくは、何らかの仕方でそれを予見するのをわれわれが許容するなどと言えるだろうか。言えはしない」。これは、記憶内容（衣服）が脳の生理学的活動（釘）と並行していない、心や意識は脳内現象を超えているものであることを言及している。小林秀雄は、ベルグソンの哲学的思索から死後に心が存在することにも触れている。

今後、C・S・ルイスが『奇跡』（柳生直行訳、みくに書店、一九六五年）で言っている「信仰の論理」を掘り下げたいと考えている。「『むかしの人たちは自然法則を知らなかったから、そんなこと〔奇跡が起こるということ〕を信じられたのだ。こんにちのわれわれは、そういうことは科学的に不可能だということを知っている』と言うのはナンセンスである。奇跡信仰は、自然の法則に関する無知によるどころか、かえって法則が知られるに至ってはじめて可能となるのである。自然主義者よりも超自然主義者のほうが、よりよく自然を知っている」（三〇一頁）と、ルイスは言う。奇跡の真意は、実は超自然主義者でなければ正当に理解できない。キリスト教は超自然主義の立場である。キリスト教の信仰理解を、ルイスの言う「信仰の論理」により掘り下げ、論じたいと願っている。

教文館出版部の髙木誠一さんに大変お世話になった。髙木さんの適切な助言がなければこのように出版することができなかったであろう。心から感謝している。

二〇一五年三月

藤　山　修

《著者紹介》
藤山　修（ふじやま・おさむ）
1949年、大阪府生まれ。福島大学教育学部、聖書神学舎卒業。公立高等学校理科（物理）教員・野球部監督を経て、東京・立川の教会で牧師を10年間務めた後、茨城キリスト教学園高等学校聖書科教諭となり、2014年に定年退職。現在、茨城キリスト教大学講師。

イエスとの実存的出会い

2015年3月30日　初版発行

著　者　藤山　修
発行者　渡部　満
発行所　株式会社　教文館
〒104-0061 東京都中央区銀座4-5-1 電話 03(3561)5549 FAX 03(5250)5107
URL http://www.kyobunkwan.co.jp/publishing/
印刷所　モリモト印刷株式会社

配給元　日キ販　〒162-0814　東京都新宿区新小川町9-1
電話 03(3260)5670　FAX 03(3260)5637

ISBN978-4-7642-9967-2　Printed in Japan